David Leadbetter
Erfolgreiches Training

ERFOLGREICHES TRAINING

David Leadbetter

mit Richard Simmons

Fotos

DAVE CANNON

Illustrationen

DAVE F. SMITH

E. ALBRECHT VERLAGS KG
Sport & Freizeit

FRANK P. VAN ECK VERLAGSANSTALT

Widmung:
Für Kelly, Andy, Hally und James

Erstausgabe 1997 von Collins Willow
im Harper Collins Verlag, London unter dem Titel:
POSITIVE PRACTICE

E. Albrecht Verlags-KG.
Freihamer Straße 2, D-82166 Gräfelfing b. München
Telefon (0 89) 85 85 30, Telefax (0 89) 8 58 53 20

E-Mail: albrecht@golf.de
http://www.golf.de; http://www.golffuehrer.de

Herausgegeben im März 1998

Übersetzung: Hella und Dieter Praun

Entwurf und Produktion:
Cooling Brown, Middlesex, England
Satzherstellung: Liebl Satz & Grafik, Emmering

ISBN 3-87014-081-x

Printed and bound in Italy

Lizenzausgabe für die Schweiz, Liechtenstein und Österreich:

Frank P. van Eck Verlagsanstalt
Haldenweg 8, FL-9495 Triesen

ISBN 3-905501-37-6

Die Deutsche Bibliothek – CIP Einheitsaufnahme
Erfolgreiches Training/David Leadbetter; Richard Simmons. Dave Cannon (Fotos). Dave F. Smith (Ill.).
[Übers. aus dem Engl.: Hella und Dieter Praun]. – Triesen: van Eck, 1998 Einheitssacht.: Positive practice <dt.>
ISBN 3-905501-37-6

INHALT

Wenn Sie von Ihrem vollen golfsportlichen Potential profitieren möchten, sollten Sie sich einen Golflehrer suchen, der Ihnen den richtigen Weg aufzeigt. Setzen Sie sich ein Ziel und verfolgen Sie es Schritt für Schritt. Genießen Sie Ihre Golf-Tage – und versuchen Sie, größtmöglichen Spaß zu empfinden.

Einleitung

Die meisten meiner Arbeitstage verbringe ich auf der Driving-Range. Kein sehr schickes Büro! Aber eines, das ich jedem verspiegelten Wolkenkratzer-Ausblick vorziehe. Es gibt wirklich keinen prädestinierteren Ort für jemanden, der sich stundenlang mit jeder Einzelheit des Schwungs und der Komplexität des Lernprozesses auseinandersetzen möchte. Was mich betrifft, so macht es mich rundum zufrieden, wenn ich mich überzeugen kann, daß ein Schüler Fortschritte macht. Dabei spielt es keine Rolle, ob ein Anfänger erstmals einen Ball in die Luft schlägt oder ein Tourspieler erfolgreich an seinem Schwung feilt, um seine Schläge zu perfektionieren. Womit meine Begeisterung gerade für dieses Buch erklärt sein dürfte. Denn die Kunst, Golf lehren zu können, verdanke ich ausschließlich all den Erkenntnissen, die ich bei unzähligen Trainings-Einheiten gewonnen habe.

Obwohl weltweit immer mehr Menschen die Faszination dieses wundervollen Spiels entdecken, hat sich in den vergangenen Jahren das Spielniveau in den Clubs nicht verbessert. Mir bereitet es kein Vergnügen, wenn der Durchschnittsspieler Scores um die 95 Schläge spielt, pro Runde höchstens zwei bis drei Grüns „in regulation" trifft, unter einer akuten Sand-Phobie leidet und nur mit viel Mühe das Ergebnis von 36 Putts pro Runde unterbieten kann. Aber leider ist genau dies der Fall.

Die genannten Zahlen mögen einige Leser überraschen – mich nicht. Denn ich kenne die Ursprünge. Sie brauchen sich am kommenden Wochenende nur einmal genau in Ihrem Golfclub umsehen. Sie werden Golfer sehen, die in solcher Eile auf den Platz hetzen, daß sie nicht einmal ein paar Minuten haben, um ihre Golfmuskeln zu lockern, geschweige denn, vor dem ersten Abschlag noch ein paar Übungsputts zu machen. Diese Golfer werden die ersten Löcher verpatzen und schneller Schläge verschenken, als sie zählen können. Und am Ende werden sie sich wundern, warum sie erst auf den zweiten neun Löchern „in die Gänge" gekommen sind.

Nicht viel besser sieht es mit all jenen aus, die vor der Runde auf die Driving-Range gehen. Zu viele Spieler glauben, daß eine ausgewogene Aufwärmphase aus einigen Schlägen mit mittleren und kurzen Eisen besteht, ehe mit dem Driver auf die Bälle geprügelt werden darf. Am Ende dieser Vorbereitung wird das Gefühl für Rhythmus gänzlich verloren sein.

DENKEN SIE SICH IN EIN BESSERES SPIEL!

Gutes Golf ist schlaues Golf … Es ist bestimmt kein Zufall, daß auf, aber auch fernab, des Platzes die Golfer beständig erfolgreich bleiben, die Denker sind, wenn es Leistungen zu beurteilen oder spezifische Teilbereiche des Spiels auf der Driving-Range zu trainieren gilt. Hier aber liegt die Tücke des Details. Was auch immer Sie sich von dem Spiel erwarten, solange Sie nicht bereit sind, ihrem Training eine gewisse Zeit zu opfern, wird Sie das Spiel immer wieder besiegen.

◁ *In Japan sind Golfplätze teure Mangelware, so daß die Mehrheit der dortigen Golfer – mit viel Glück – höchstens ein- bis zweimal pro Jahr auf einem richtigen Golfplatz spielen kann. Dementsprechend wird das Training als ein „Sport innerhalb des Sports" angesehen – und mehrstöckige Driving-Ranges wie diese in Tokio gehören zum gewohnten Stadtbild.*

Eine gute Trainings-Einstellung verlangt nach etwas mehr als „nur" gesundem Menschenverstand. Wenn ein neuer Schüler zu mir kommt, mache ich mir zunächst ein Bild von seiner Spielstärke und spreche mit ihm über verschiedene Bereiche des Spiels. Wenn wir dann auf dem Übungsgelände sind, mache ich mir eingehend Gedanken über seine Art, den Ball zu schlagen, über die Schläge, mit denen er Schwierigkeiten hat, über sein kurzes Spiel usw. Dies erlaubt mir nicht nur, sein zunächst vorrangiges Spiel- oder Schwungproblem an der Wurzel zu packen. Zudem zeigt es – was sehr wichtig ist – dem Spieler, daß ich mit einer klaren Vorstellung seines Spiels zu unterrichten beginne und entsprechend realistische Trainingsziele setzen kann.

Solch eine – möglichst schriftlich niedergelegte – Überprüfung Ihres Spiels ist Grundvoraussetzung, so Sie dieses Buch sinnvoll nützen möchten. Vor Ihrer nächsten Runde sollten Sie sich daher die Zeit für das erste Kapitel nehmen, in dem vordergründig das Verfahren der Selbstanalyse erläutert wird. Das regelmäßige Notieren Ihrer Leistungen öffnet eine Tür zu raschen Verbesserungen, zeigt es Ihnen doch wie ein Strickmuster die Prioritäten auf, denen Sie gezielt Ihre nächsten Trainingseinheiten widmen sollten. Anstatt beim Bälleschlagen die gleichen Fehler stets zu wiederholen, können Sie nun beginnen, auf ein genau definiertes Ziel hinzutrainieren.

Ob Sie nun aber als einstelliger Spieler Scores in den Siebzigern gewöhnt oder ein Golfer sind, der nichts unversucht läßt, um auf 18 Löchern unter hundert Schlägen zu bleiben – Ihre größte Aufmerksamkeit sollten Sie stets dem kurzen Spiel schenken. Damit meine ich die Statistik Ihrer Pitch- und Chipschläge sowie Ihre Bunker- und Putt-Bilanz. Schon die einfachste Aufzeichnung offenbart, daß mehr als die Hälfte aller Schläge auf einer Runde innerhalb einer Distanz von 90 Metern zur Fahne ausgeführt werden. Entsprechenden Sinn macht es, mindestens die Hälfte Ihrer Trainingszeit – wenn nicht gar noch mehr – der Verbesserung dieser kurzen Schläge zu widmen.

Nichts ist erfolgversprechender, als drei (oder gar vier) Schläge auf zwei zu reduzieren. Schon die kleinste Schwungkorrektur nimmt sehr viel Trainingszeit und -geduld in Anspruch, ehe sich der Bewegungsablauf wieder bequem und gewohnt anfühlt. Viel Zeit kann es auch in Anspruch nehmen, den Ball besser treffen zu wollen. Hingegen kann – ein entsprechend gezieltes Training vorausgesetzt – jeder Golfer in kürzester Zeit einige Schläge von seiner Scorekarte eliminieren.

„Das gilt für den Pro, der jeden Tag spielt und übt. Ich aber habe dafür einfach nicht die Zeit" – eine Aussage, die ich nur allzu oft höre. Natürlich ist Zeit zweifelsohne ein wichtiger Faktor. Doch gibt es Möglichkeiten, sie einzusparen. So finden Sie am Ende dieses Buches eine Liste von verschiedenen Trainingsplänen, die einen minimalen Zeitaufwand erfordern. Haben Sie erst einmal Ihre persönlichen Schwachstellen erkannt, können Sie die in diesem Buch vorgestellten Übungen gezielt einsetzen, um einen individuellen Trainingsplan – und entsprechenden Terminkalender – zu erstellen. Es gibt Spieler, die lieben das Training. Andere möchten einfach nur auf dem Platz spielen. Es gibt aber eine goldene Mitte, mit der auch Sie sich anfreunden sollten.

▷ *Die jungen schwedischen Spieler, die ich betreue, sind besonders ziel- und erfolgsorientiert. Ehrgeizig und fleißig darauf bedacht, die Besten zu werden, wachsen sie in einem Umfeld auf, das ihr persönliches Talent und Können in den Vordergrund rückt. Das Bild zeigt den Dom, eine Vorzeige-Trainingsanlage in Stockholm.*

Svea

Wenn Sie gute Übungsmöglichkeiten haben – damit meine ich eine gute Driving-Range mit verschiedenen Zielvorgaben und Entfernungsmarkierungen sowie einen gepflegten Bereich für das Training des kurzen Spiels – freuen Sie sich! Mit Ihrem individuellen Trainingsplan können Sie viel Spaß auf dem Übungsgelände haben. Kreativer sein müssen all jene unter Ihnen, denen keine allzu großzügigen Übungsmöglichkeiten zur Verfügung stehen. Zum Beispiel müssen Sie sich dann in verschiedenen Entfernungen Ihre eigenen Zielvorgaben setzen. Sie können sich kleine Spiele ausdenken, anhand derer Sie planspezifische Situationen nachspielen können. Oder Sie können sich auf Übungen konzentrieren, die Sie zuhause ausführen können, ohne dabei auch nur einen einzigen Ball zu schlagen. – All diese Möglichkeiten werden auf den folgenden Seiten vorgestellt.

Im Idealfall finden Sie Hilfe bei einem anerkannten Golflehrer, dem Sie vertrauen und in den Sie einige Trainerstunden investieren. Verlassen Sie sich nicht auf die Ratschläge Ihrer Freunde, wie gut auch immer diese gemeint sein sollten. Nicht umsonst heißt es: „Amateure lehren Amateuren das Spiel der Amateure“. Der Unterricht bei einem qualifizierten Trainer bewahrt Sie vor möglichen heimtückischen Fallen, verbessert die Qualität Ihrer Trainingseinheiten und verhilft Ihnen zu mehr Spaß am Spiel.

Wie in jedem anderen Lebensbereich, werden Sie auch im Golf nur ernten, was Sie zuvor gesät haben. Der Weg zu guten Scores kann nicht abgekürzt werden, es gibt dabei keine Alternative zu entschlossenem, konsequentem Training. Natürlich gibt es Spieler, die dabei ehrgeiziger als andere zu Werke gehen. Der fünffache amerikanische Amateurmeister Frank Stranahan beispielsweise schlug selbst am Deck des Schiffes Bälle, das ihn 1948 zu den britischen Titelkämpfen brachte. Und Hollywood-Superstar Sylvester Stallone ist so golfbegeistert, daß er in Drehpausen durch nichts vom Bälleschlagen abzuhalten ist – nicht einmal von einer umliegenden Berglandschaft.

Jeder Mensch ist anders. Und mit zunehmender Herausforderung sind nur wenige Spieler dem Golfspiel gewachsen. Dabei kann Training viel geistreicher und erfolgversprechender gestaltet werden, als durch pures Bälleschlagen. Training bedeutet auch, im Einklang mit sich und dem Umfeld in der freien Natur zu sein und an einem Spiel zu feilen, das man dennoch niemals besiegen kann. Dies ist der Trick. Ich hoffe, daß Ihnen dieses Buch die Motivation vermittelt, Ihr Spiel zu verbessern und zu stabilisieren. Auf daß Sie dabei sehr viel Spaß haben werden!

David Leadbetter

DAVID LEADBETTER

◁ *Das Golfspiel erfreut sich heute solch großer Popularität, daß selbst in völlig verbauten Gegenden noch Platz für Übungsmöglichkeiten ist – wie hier eine Abschlagsmatten- und Netzlösung im Zentrum von Chicago.*

VOLVO TOUR RANGE
VOLVO TOUR RANGE

1

Auf der Suche nach dem besseren Spiel

Der Mehrheit der Golfer, die ich unterrichte, brauche ich die Bedeutung des Trainings auf dem Weg zu leistungsgerechten Ergebnissen nicht zu erklären. Viele von diesen Spielern haben schon als Kind mit dem Spiel begonnen und waren entsprechend rasch in einstelligen Vorgabensphären. Sie tragen sich mit dem Gedanken, ins Profi-Lager überzuwechseln, sofern sie diesen Schritt nicht bereits vollzogen haben. Für diese Spieler ist Golf ein ernstes Geschäft, dem teilweise gar verbissen nachgegangen wird.

Dennoch benötigen auch diese Spieler eine Art von Führung. Sie brauchen jemanden, der durch kleine, feine Technik-Korrekturen beiträgt, sie ihren Schwung und insbesondere ihre Tendenzen verstehen zu lassen. Jemanden, der sie zum Nachdenken anhält, der ihnen zeigt, wovon ihr Spiel abhängt und der ihnen vor Augen führt, wie sie ihre Ergebnisse subjektiv beurteilen sollen. Jemanden, der ihnen den Weg zu effizienteren Trainingseinheiten weist. Auf der Driving-Range, der einzig wahren Übungsstätte, brauchen sie – neben einem ausgefeilten Trainingsplan – im Hinblick auf rasche Fortschritte Rückmeldungen, die ihnen bei der Suche nach dem guten Schwunggefühl das bereits Erreichte verdeutlichen. Hierin besteht die Hauptaufgabe eines Golflehrers. – Obgleich ich nicht direkt mit Ihnen zusammenarbeite, werden meine in diesem Buch zusammengetragenen Gedanken und Ideen auch auf Sie ebenso hilfreich wie motivierend wirken, wie auf all meine persönlichen Schüler.

Sie mögen nicht mit dem angeborenen Talent eines Scratch-Golfers gesegnet sein. Wahrscheinlich haben Sie auch nicht so viel Zeit, wie Sie dies gerne hätten, um an Ihrem Schwung und den verschiedenen Teilbereichen des Spiels feilen zu können. Doch wenn Sie ein besserer Spieler

werden möchten, so können Sie dies auch werden! Es bedarf nur ein wenig gesunden Menschenverstandes und eines nach vorne gerichteten Blickes. Gutes Golf hängt vorrangig von einer guten Einstellung ab.

In diesem Zusammenhang habe ich einmal im Lexikon nachgesehen, was dort unter dem Begriff „Training" steht. Was ich dort fand, hat mich teilweise sehr beeindruckt: Exaktes Üben, Bewegung, Verfeinern, Vorbereiten, Proben, Wiederholen, Beobachten und Probieren – wunderbare Worte im Ohr eines jeden Golfers. Zumindest sollten sie dies sein.

Eine gesunde Einstellung zum Spiel erlangt man nicht durch das Schlagen einiger Bälle mit dem Ziel, einen Schwunggedanken für die nächste Wochenend-Runde zu finden. Dergestalt überlassen Sie zuviele Faktoren dem Zufall. Es mag sein, daß Sie dabei auf etwas stoßen, was dann auch einen, aber wirklich nur einen, Tag lang funktioniert. Doch solche kurzfristigen „Eselsbrücken" helfen mittel- und langfristig nicht weiter. Ohne echte, bleibende Gedanken bleibt Ihr Training sinnlos und Ihr Spiel unbeständig.

Im krassen Gegensatz dazu stehen die Gewohnheiten der klugen Spieler, also jener, die ihre Ergebnisse konstant halten möchten. Diese Spieler wissen, worauf es ankommt: Sie kennen die Stärken und Schwächen ihres Spiels. Dadurch können sie sich bei der Erstellung eines effizienten Trainingsplans auf die Bereiche konzentrieren, die nach größtmöglicher Aufmerksamkeit verlangen.

Analyse und Selbsteinschätzung sind wahrscheinlich der größte Unterschied zwischen dem Golfer, der in der sogenannten Handicap-Falle gefangen bleibt und dem, der sich realistische Ziele setzt und sich dadurch schrittweise verbessert. Die Beurteilung des Spiels erfolgt dabei nach den gleichen Grundsätzen wie die eines überlegenswerten Geschäfts – Sie sollten die Zahlen schwarz auf weiß vor Augen haben und bei der Bewertung ausschließlich rational vorgehen. – Doch bevor wir uns damit auseinandersetzen, möchte ich zunächst auf die drei Trainingsarten eingehen.

TRAINING: *Drei Spiele in einem*

Die Kunst des Golf-Trainings besteht aus mehreren, miteinander verwandten Aktivitäten, die – jede für sich – dem Spieler helfen kann, sich sowohl körperlich als auch mental auf das Spiel vorzubereiten. Zum besseren Verständnis unterteile ich diese Aktivitäten nachfolgend in drei verschiedene Gruppen: 1. **Die Aufwärmphase vor dem Spiel**, 2. **Die technik-orientierte Arbeit auf der Driving-Range**, während der man sich mit den Schwungdetails auseinandersetzt, 3. **diverse mentale und Trocken-Übungen**, oftmals „inneres Spiel" genannt, die die Gedanken des Spielers auf die Herausforderungen des Platzes vorzubereiten helfen.

Eingehen könnte man auch noch auf ein viertes, wichtiges Element der Trainingsarbeit, das der Fitness für das Golfspiel. Die Rede ist dabei von der Stärkung der für den Golfschwung vorteilhaften Muskelgruppen ebenso wie dem Erlernen von Entspannungstechniken, die sowohl im Training als auch auf dem Platz Wirkung zeigen. Die moderne Gesellschaft lebt in jeder Hinsicht gesundheits- und körperbewußter, um die Leistungsfähigkeit zu erhalten oder gar zu steigern. Ebenso bedient sich der moderne Tour-Pro einiger Techniken und Übungen, um seine körperliche Belastbarkeit und seine mentale Gesamtverfassung zu erhöhen. Sie mögen dies als einen neuen Trend innerhalb der Golf-Pädagogik ansehen – wir werden uns mit diesem Punkt im Kapitel 5 befassen.

Natürlich verlangen Verbesserungen nach einer ausgeglichenen Zusammensetzung der drei eingangs erwähnten Trainings-Elemente, wobei die genauen Bedürfnisse von Golfer zu Golfer variieren können. Die konsequente, aber einseitige Trainingsmethode, von Ben Hogan berühmt gemacht, bei der solange Bälle geschlagen wurden, bis der Schläger aus der Hand fiel, ist sicherlich nicht jedermanns Sache.

Erinnern wir uns an Byron Nelsons phänomenale Siegesserie aus dem Jahr 1945, als der legendäre Amerikaner auf der US-Tour elf Turniere gewann. Nelson hatte damals ein solch ausgeprägtes Gefühl für den Schwung, daß sein Training einzig darin bestand, sich vor der Runde etwas aufzuwärmen. Er befürchtete, daß ihm verstärktes Training um sein Schwunggefühl bringen könnte. Interessant in diesem Zusammenhang: Nelson war Zeit seiner Karriere ein überzeugter Analytiker von Statistiken, zudem machte er sich stets und überall Notizen. Er hielt jedes Detail seiner Runden schriftlich fest, so daß er im Training stets ganz genau wußte, worauf er sich zu konzentrieren hatte.

Eine solche Akribie findet sich leider viel zu selten. – Ich schlage vor, daß Ihr Weg zum besseren Spiel über ein konsequentes Training der ersten drei von mir beschriebenen Kategorien führt, und einige Experimente innerhalb der vierten Trainings-Kategorie beinhalten soll.

DAS AUFWÄRMEN: *Vorbereitung auf das Spiel*

Der wichtigste Teilbereich des Trainings könnte die Vorbereitung des Körpers auf ein gutes Golfspiel sein. Sie werden kaum Ihr ganzes Potential nützen können, wenn Sie ohne Vorbereitung zum ersten Abschlag gehen. Vielleicht werden Sie im späteren Verlauf der Runde zu einem besseren Spiel finden, aber zunächst hängt Ihr Schwung einzig vom Zufall ab – was Ihrem Score irreparablen Schaden zufügen kann.

Beim Aufwärmen geht es in erster Linie um ein Lockern der Muskulatur, um anschließend mit einem guten Bewegungsgefühl auf den Platz zu gehen. Die meisten Spieler, die ich betreue, haben eine zwischen 20 und 40 Minuten lange Vorbereitungsphase. Strecken Sie zunächst einige Minuten lang Ihren Körper und wärmen Sie die schwungrelevanten Muskeln auf. Hierfür gibt es verschiedenartigste Möglichkeiten, von denen Sie die meisten in diesem Buch noch kennenlernen werden. Die einfachste und zugleich effizienteste Übung ist aber die auf dieser Seite illustrierte Dehnübung.

Nehmen Sie Ihre gewohnte Ansprechposition ein, spannen Sie einen Schläger hinter Ihre Schultern und führen Sie nun eine Körperdrehung aus. Beachten Sie, daß die Schultern – nach rechts und nach links – über 90 Grad hinaus zu drehen sind. Der Körperwinkel – hier insbesondere der Winkel des Rückgrats – darf dabei nicht verändert werden. Weder, während Sie drehen und Ihr Gewicht auf die rechte Ferse verlagern, noch, während Sie durch den Treffmoment hindurch schwingen und sich schließlich zu einem schönen, senkrechten Finish aufrichten. Wiederholen Sie diese Übung fünf- bis zehnmal. Sollte sie Ihnen Probleme bereiten, so klemmen Sie alternativ den Schläger hinter dem Rücken zwischen die Ellbogen.

Bei einer anderen guten Lockerungsübung greift man zwei Schläger gleichzeitig und schwingt sie mit einem ruhigen Bewegungsablauf. Greifen Sie die Schläger ganz normal und versuchen Sie, das Gefühl für ein Schwingen des Schlägerkopfes zu entwickeln, während Sie gleichzeitig spüren, wie sich Ihre Muskeln in Armen und Rücken gummiband-ähnlich dehnen.

Wenn Sie sich ausreichend gelockert und somit schwungbereit fühlen, sollten Sie einige Bälle schlagen, wobei nicht jeder Schläger aus Ihrem Bag zur Anwendung zu kommen braucht. Beginnen Sie mit dem Wedge oder dem Sandwedge, setzen Sie sich ein optisches Ziel und versuchen Sie, einige Bälle dorthin zu plazieren. Gehen Sie dann zum Eisen 9 und zum Eisen 7 über. Das Holz 3 vom Tee, gefolgt vom Driver, ist erst ganz am Ende an der Reihe.

Übertreiben Sie es aber nicht mit den längeren Schlägern! Denn der Versuch, den Ball möglichst hart zu schlagen, könnte schon vor der Runde zum Verlust des Rhythmus' führen. Sollten Sie jemals mit dieser Situation konfrontiert sein, dann nehmen Sie wieder ein kurzes Eisen und machen Sie einige Schwünge mit engem Stand. Dies ist eine nützliche Übung, die Sie einen lockeren Rhythmus wiederfinden läßt.

Bedenken Sie, daß die Aufwärmphase keineswegs der Zeitpunkt für Schwung- oder Technik-Korrekturen ist. Es gilt einzig, die Gedanken darauf zu fixieren, den Ball mit einem gefühlvollen, wiederholbaren Rhythmus zu schlagen. Beobachten Sie die Flugkurve Ihrer Bälle und bereiten Sie sich darauf vor, mit genau diesen Schlägen den Platz zu bewältigen. Denken Sie an die goldene Regel: Wenn Sie während der Vorbereitungsphase faden, müssen Sie später auch auf dem Platz mit Fades leben. Es bringt an „Fade"-Tagen nichts, auf die Fahne zu zielen und sich danach den Kopf über die Rechts-Abweichung des Balles zu zerbrechen. Setzen Sie sich in diesem Fall vielmehr ein Ziel links der Fahne und lassen Sie dann Ihren Schwung – und den Ball – die Arbeit erledigen.

Wenn Sie Ihre Schwung-Muskulatur aufgewärmt haben, sollten Sie sich noch mindestens zehn Minuten lang dem kurzen Spiel widmen. Im Idealfalle führen Sie dabei einige Bunkerschläge aus (um ein

Gefühl für den Sand zu entwickeln) und chippen einige Bälle aufs Grün (um sich mit dessen Geschwindigkeit anzufreunden). Zu guter Letzt machen Sie einige Zehn- bis Zwölf-Meter-Putts. Fühlen Sie den Schlagrhythmus und das -tempo, während Sie den Putter vom Ball wegführen und durch den Ball hindurch entlang der Ziellinie schwingen. Versuchen Sie, jeden Ball möglichst nahe ans Loch zu schlagen. Danach sind noch einige kurze Putts an der Reihe, um kurz vor dem ersten Abschlag dem Selbstvertrauen den letzten positiven Schub zu geben.

Dies sind die wichtigsten Dinge, die getan sein sollten, bevor Sie auf den Platz gehen. Wenn Ihr Platz über keine Driving-Range verfügt, so sollten Sie sich wenigstens die Zeit für 20 bis 30 Schwünge mit zwei der drei verschiedenen Schlägern nehmen. So bekommen Sie ein Gefühl für den Schlägerkopf und strecken die Muskeln im Arm-, Rücken- und Schulterbereich. Dies ist nicht zuletzt notwendig, um Verletzungen vorzubeugen. Alternativ können Sie einige Schwünge mit einem mittleren Eisen im dichten Gras neben dem ersten Abschlag machen – der durch das Gras entstehende Widerstand wird Ihr Gefühl für den Treffmoment verstärken und Sie auf den ersten echten Schlag vorbereiten.

∆ Für eine gründliche Aufwärmphase bedarf es 20 bis 30 Minuten. Sollten Sie noch mehr Zeit haben, so vergeuden Sie diese nicht mit dem Driver, sondern widmen Sie diese Ihrem kurzen Spiel. Ohne Vorbereitung dürfen Sie sich nicht wundern, wenn Ihr Motor zu Beginn der Runde nicht auf Touren kommt.

GRÜNDLICHES TRAINING:
Entwickeln – aufbauen – ausfeilen

Die Faszination des Golfspiels ist wohl, daß es sich ständig verändert. Sie können sich nicht für immer und ewig auf den gleichen Schwunggedanken verlassen ... Ein Platz spielt sich niemals auf die gleiche Weise. Golf ist schwierig. Mal spielen Sie großartig und der Ball macht, was auch immer Sie von ihm erwarten. Dann verlieren Sie aus unerklärlichen Gründen plötzlich den Faden. Der golf-bekannte Spruch *„I've got it, I had it, I lost it"* (*„Ich hatte es, ich wußte wie's geht, aber ich hab's verloren"*) verdeutlicht hierbei das Ausmaß des Frusts, den dieses unberechenbare Spiel hervorrufen kann.

Ständig wechselndes Wetter und Platzbedingungen erschweren die Aufgabenstellung. Spielen Sie bei starkem Wind, werden Sie mehr oder minder bewußt kräftiger zum Ball schwingen. Darunter kann die Trefferqualität leiden, so daß die Ball-Kontrolle nur durch eine Art der Kompensation bewahrt bleiben kann. Ähnlich verhält es sich beim Spiel auf einem hügeligen Platz – oder wenn Sie von einem Links-Course auf einen Parkland-Platz wechseln. Anpassungen sind dann notwendig, nicht nur in der Vorbereitung auf den Schlag, sondern auch bei der Festlegung der Spielstrategie vom Abschlag bis zum Grün.

Ihr kurzes Spiel und Ihre Putts sind Gegenstand eines permanenten Tests. Ist der Bunkersand heute feucht und hart, kann er morgen schon trocken und puderig sein. Somit muß Ihre Bunkertechnik ständig überprüft und angepaßt werden. Auf der Profi-Tour ist dies Woche für Woche der Fall. Zwar sind sich die Grüns der Meisterschaftsplätze ziemlich ähnlich, doch die Qualität des Bunkersandes kann gewaltig variieren. Tour-Spieler wissen, daß Sie Ihre Schlagmethode den Gegebenheiten anpassen müssen. Aus gutem Grund führen die meisten der Berufsspieler auch zwei bis drei verschiedene Sandwedges – mit verschiedenen „Bounces" – mit sich.

Viele Golfer tendieren dazu, Golf einzig auf ihrem Heimatplatz nachzugehen. Doch im Interesse einer Vielseitigkeit gilt es, auf alle

Eventualitäten vorbereitet zu sein. Wenn Sie von schnellen auf langsame Grüns wechseln, müssen Sie Ihre Putt-Technik vom leichten auf den harten Schlag umstellen. Auch werden Sie beispielsweise in Amerika – je nach Gegend und Jahreszeit – mit verschiedenen Grassorten konfrontiert. Dies verlangt nach großer Flexibilität. Es gibt Spieler, die – je nach Grünbeschaffenheit – mit verschiedenen Schwunggewichten und Schlägerblatt-Neigungen experimentieren und beispielsweise auf langsamen Grüns zum eher gewichtigeren Putter greifen.

Sie sehen, wie das einzigartig komplexe Spiel Sie ärgern kann. Nicht nur deshalb liegt für viele, hier insbesondere die guten Golfer, die ganz besondere Attraktivität dieses Spiels in der Trainingsarbeit, die zum Ziel hat, irgendwann alle Schläge unter allen erdenklichen Spielbedingungen zu beherrschen.

Global betrachtet, sollte das Technik-Training eine Art des Check-ups darstellen, während dem Sie Ihren Schwung analysieren und an Teilbereichen arbeiten, um Ihr Können zu stabilisieren oder zu verbessern. Golfer wird man durch unermüdliches Erproben bereits bewährter Verfahren! Die Zeit, die hierfür angesetzt werden muß, hängt von der Effizienz der Übungen ab, durch die Sie das Schwunggefühl entwickeln und verinnerlichen.

Einen Zeitfaktor spielt aber natürlich auch Ihr persönliches Talent, ebenso wie die Qualität Ihrer Trainingstechnik und die Tiefe Ihres Wunsches nach Verbesserung. Zu Beginn Ihres Golferlebens spielt Zeit eine alles entscheidende Rolle – hieran führt kein Weg vorbei. Doch mit fortgesetzter Arbeit an Schwungmechanik und schrittweiser Stabilisierung Ihres Schwunggefühls werden auch Sie zu jenem Punkt gelangen, an dem Sie sich auch auf dem Platz selbst helfen können. Dann ist die Zeit gekommen, das Training in Richtung Leistungserhalt auszurichten.

Die Zusammenarbeit mit einem guten Golflehrer kann diesen Prozeß beschleunigen. Viele der weltbesten Golfer haben vor allem einen Betreuer, um ihr Training produktiver zu gestalten. Meine Beziehung zu einigen der bekanntesten Topspieler sind hinreichend bekannt. Andere berühmte Spieler-Trainer-Beziehungen waren Bobby Jones und Stewart Maiden, Jack Nicklaus und sein Langzeit-Wegbegleiter Jack Grout, Tom Kite und Harvey Penick sowie – als jüngstes Duo – Tiger Woods und Butch Harmon.

GEDANKENSPIELE: *Fixierung und Konzentration*

Immer wieder werde ich gefragt, ob beim Golf mehr die mentale oder die körperliche Stärke eine entscheidende Rolle spielt. Ben Hogan hatte hierauf wohl die beste Antwort, als er sagte: *„Golf ist zu hundert Prozent mental und zu hundert Prozent körperlich. Es ist unmöglich, beide Elemente voneinander zu trennen.“*

Streß und Angst wirken sich negativ auf die Konzentrationsfähigkeit aus. Zudem können sich diese beiden Faktoren dramatisch steigern, je besser der Spieler mit Holz, Eisen und Putter umzugehen vermag. Für den Anfänger ist der Schwung ebenso eine mentale als auch eine körperliche Herausforderung. Seine Gedanken sind voller „Betriebsanleitungen“, die er allesamt gleichzeitig zu verarbeiten versucht. Ein Tourspieler baut während einer Runde auf einen, höchstens auf zwei Schwunggedanken. Hingegen kenne ich Amateure, die bis zu sechs, oftmals widersprüchliche, Schwung-Ideen mit sich herumtragen. Das Ergebnis ist unweigerlich eine immense Anspannung – eine *„Lähmung durch Analyse“*, wie es der große John Jacobs einst formulierte.

Ein Schlüssel zum erfolgreichen Lernen ist, Dinge zu vereinfachen und sich nur auf einen oder zwei Schwunggedanken zu konzentrieren, die es erlauben, eine gute Bewegung zu wiederholen und den Ball mit einem größtmöglichen Maß an Beständigkeit schlagen zu können. Zuviele Schwunggedanken bewirken nur, daß Sie sich im technischen Sumpf verlieren.

Tatsächlich hängt Ihr Erfolg davon ab, ob Sie Ihre Trainings-Erkenntnisse auf dem Platz, wo dann bekanntlich jeder einzelne Schlag zählt, umsetzen können. Mit anderen Worten: Sie müssen mit dem mentalen Druck zu leben lernen, der Sie immer dann erfaßt, wenn Sie die Driving-Range in Richtung des ersten Abschlages verlassen.

Oft hören Sie, wie ein Fernsehkommentator einen Spieler als „mental stark“ lobt. Doch was bedeutet das eigentlich? In wenigen Worten: Es handelt sich dabei um eine ausschließlich *positiv orientierte Konzentrationsfähigkeit,* die jeglichen Einfluß von außen ausschließt. Eine Konzentration, die ausschließlich darauf fixiert ist, einen Schlag vor dem nächsten zu machen und ein Loch vor dem nächsten zu spielen. Jack Nicklaus, der wahrscheinlich mental stärkste Spieler aller bisherigen Golf-Zeiten, wirkte stets wie geistig abwesend, wann immer er zu einem Schlag ansetzte. In Bezug auf eine sich ständig gleichermaßen wiederholende Schlagvorbereitungs-Routine, ihres Zeichens effizienteste Waffe gegen Druck, dürfte der „Goldene Bär“ das Paradebeispiel sein. Die Schlagvorbereitungs-Routine hilft Ihnen, die fundamentalen Schwung-Aspekte (Schläger greifen, Schläger ausrichten, Ball ansprechen, Körper ausrichten) zu automatisieren, wann immer Sie an einen Ball treten. So erzielen Sie die höchste Wahrscheinlichkeit, den beim Training gelernten Schwung auf das Spiel auf dem Platz übertragen zu können. Des weiteren ermöglicht Ihnen die Schlagvorbereitungs-Routine, Ihren Gedanken zu vertrauen und sich auf das Ziel zu konzentrieren.

Eigentlich ist das Prinzip einfach: Je mehr Sie die Schlag-Prozedur standardisieren, um so weniger müssen Sie darüber nachdenken. Beobachten Sie gute Spieler und Sie werden feststellen, daß deren Vorgehen auf dem Platz immer nach dem gleichen Schema erfolgt: Die Zeit zwischen Schlagvorbereitung und -ausführung ist zumeist gleich lang, unabhängig, ob ein schwieriger Abschlag oder ein einfacher Pitch ansteht. Diese Beständigkeit in der Vorbereitung vertreibt den Druck und erhöht die Chance auf einen guten Schlag. Alles hängt davon ab, inwieweit Sie in der Lage sind, sich auf dem Platz auf Ihre Aufgabe zu konzentrieren. Ihre Konzentrationsfähigkeit aber wiederum setzt die Fähigkeit voraus, eine Prozedur beliebig oft nach dem gleichen Muster wiederholen zu können. Und diese Fähigkeit können Sie sich ausschließlich im Training erarbeiten.

Beim typischen Eisenschlag zum Grün gilt es, folgende Punkte zu betrachten: Als erstes werden Birdiekarte bzw. Entfernungsmarkierungen auf dem Platz zu Rate gezogen. Ziehen Sie die zurückzulegende Entfernung ins Kalkül und bedenken Sie eventuelle Gefahrenquellen. Stellen Sie

sich hinter den Ball, um die Situation besser einschätzen zu können. Lassen Sie den Schlag, unter Berücksichtigung aller Eventualitäten, gedanklich vor Ihrem geistigen Auge ablaufen.

Nachdem die Schlägerwahl getroffen ist, treten Sie zum Ball und befolgen Punkt für Punkt folgenden Ablauf: Richten Sie die Schlagfläche rechtwinklig („square") zum Ziel aus. Beziehen Sie parallel dazu Ihre Standposition. Wagglen Sie ein- oder zweimal mit dem Schläger, um Ihre Hände und Arme zu lockern. Danach können Sie den Schwung-Auslöser drücken. Schwingen Sie frei, ganz so, wie Sie sich dies zuvor vorgestellt haben. Jack Nicklaus wies immer darauf hin, daß er selbst auf der Driving-Range niemals einen Schlag macht, ohne sich diesen zuvor gedanklich genau vorgestellt zu haben. Der Schlag lief dann „wie zuvor gesehen" ab – ein mentaler Bereich, den Sie noch perfektionieren müssen. Arbeiten Sie genauso intensiv an Ihrer Schlagvorbereitungs-Routine, wie Sie sich Schwungkorrekturen widmen. Trainieren Sie sie solange, bis sie ein fester, natürlicher Bestandteil Ihres Spiels geworden ist.

Gutes Denken ist Voraussetzung für gutes Golf. Wenn Sie den Abschlag betreten, müssen Sie die Tücken des Loches vor Augen haben. Wenn man ständig den gleichen Platz spielt, wie dies bei den meisten von uns der Fall sein dürfte, läuft man Gefahr, leichtfertig zu werden. Dem können Sie entgegentreten, indem Sie hier und da Ihre Spielweise verändern. Zwingen Sie sich, ab und an Ihre Schlägerwahl zu variieren. Eine lustige Trainingsvariante ist beispielsweise, eine Runde lang an den Par-4 und -5-Löchern nur mit Eisen abzuschlagen. Dadurch verändern Sie den Lochverlauf entscheidend, zudem werden Sie mit längeren, schwierigeren Schlägen zum Grün konfrontiert. Nicht nur, daß Sie Ihre Schlägerwahl so neu überdenken müssen, Sie unterziehen Ihr Können auch einem Test, dem es sonst nicht standhalten müßte.

Eine andere gute mentale Übung besteht darin, den Platz auf der Driving-Range gedanklich durchzuspielen. Spielen Sie dabei jedes Loch in der normalen Schläger-Reihenfolge – schlagen Sie mit dem Driver ab, ehe Sie unter Berücksichtigung der Hindernisse ein Eisen 5 oder ein Holz 3 folgen lassen. Zwingen Sie sich, jeden Schlag voll konzentriert auszuführen.

Diese Methode empfehle ich vor allem Spielern, die Tendenz haben, zu technisch zu denken. Nick Faldo beispielsweise hielt sich 1996 in Augusta daran. Statt schwungtechnisch zu denken, spielte er vor jeder Runde den Platz auf der Driving-Range durch. Dabei stellte er sich jeden Schlag detailliert vor und überlegte genau, welchen Schläger er nehmen würde. Mit dieser mentalen Übung freundete er sich vorab mit den Bedingungen an – und selten sah man ihn später so zielorientiert, wie bei diesem dramatischen US Masters-Siegeszug. – Mehr zu Nick Faldos Technik in Kapitel 5.

ZAHLEN UND FAKTEN: *Wie verfeinern Sie Ihr Spiel?*

Nach all den Erläuterungen zu diversen Trainingsformen ist es nun an der Zeit, sich Ihr Spiel anzusehen, um herauszufinden, welche Teilbereiche nach besonderer Aufmerksamkeit verlangen. Ich bin überzeugter Befürworter der Methode, alle Leistungsmerkmale schriftlich festzuhalten, weil mich dies in die Lage versetzt, spezifische Ziele und effektivere Trainingseinheiten festzulegen.

Ich rate Ihnen, ein Blatt Papier zu nehmen und sich an Ihre zwei oder drei letzten Golfrunden zu erinnern. Zählen Sie zusammen, wieviele Fairways und Grüns Sie „in regulation" getroffen und wieviele Putts Sie benötigt haben. Überlegen Sie, an welchen Löchern Sie besonders schlecht abgeschnitten und welche Schläge das Unheil verursacht haben. So können Sie viele Erkenntnisse gewinnen – gute wie schlechte.

Kamen Ihre Schläge zumeist links oder rechts des Ziels zur Ruhe? Wie oft haben Sie vom Abschlag den Ball gut ins Spiel gebracht? Blieben Sie beim Grünanspiel zumeist zu kurz? Und wie oft gelang Ihnen „Chip/Pitch-und-Putt"?

Als besonders aussagekräftig erweist sich die Analyse des kurzen Spiels. Über die Hälfte aller Schläge einer Runde werden aus einer Distanz von weniger als 90 Metern zum Grün gespielt. Je niedriger Ihr Handicap ist, desto kritischer müssen Sie sich mit diesem Spielbereich auseinandersetzen. Wie oft landet ein Wedgeschlag im Fünf-Meter-Umkreis zur Fahne? Wie oft retten Sie aus dem Grünbunker das Par? Wie hoch ist Ihr Putt-Durchschnitt? Was passiert mit Ihren halblangen Putts aus zwei bis fünf Metern – neigen Sie dabei eher zum Pull (nach links) oder zum Push (nach rechts)? Lassen Sie Putts eher zu kurz oder schlagen Sie sie zu lang? Haben Sie Probleme beim Lesen der Grüns?

Die Antworten auf all diese Fragen weisen den Weg zu einem besseren Spiel. Bald schon werden Ihnen Ihre Notizen (siehe hierzu das Beispiel auf Seite 28) ein klares Bild Ihres Könnens geben. Nach einigen Runden schon wird sich ein gewisses Raster herauskristallisieren, das Ihnen zeigt, wo es – möglicherweise mit Unterstützung eines Golflehrers – anzusetzen gilt, um Ihr Spiel zu verbessern.

Lassen Sie uns etwas präziser werden ... Wo verschenken Sie normalerweise die meisten Schläge? Sind Sie einer jener Golfer, die schlecht beginnen, aber gut aufhören? Dann gehe ich davon aus, daß Sie sich nicht sorgfältig genug auf Ihre Runde vorbereiten. Sie müssen sich, wie bereits geschildert, mehr Zeit für Ihre Aufwärmphase nehmen. Ein guter Start ist der Schlüssel zu einer guten Runde, der Verlauf der ersten Löcher ist entscheidend für die weiteren Ereignisse. Viele der Ängste, mit denen Sie auf den ersten Löchern zu kämpfen haben, könnten in nur einigen, der Muskellockerung und Rhythmussuche gewidmeten, Minuten abgebaut werden. Zudem läßt sich Nervosität durch eine richtige Atemtechnik gut in den Griff bekommen. Das Geheimnis besteht darin, einen Atemrhythmus zu finden, der das Schwungtempo stabilisiert. Wenn Sie sich nervös und angespannt fühlen, sollten Sie während der Ballansprache lang und tief einatmen und während des „Waggles" tief ausatmen. Dabei fließt die gesamte Spannung aus Ihrem Körper, Sie werden ruhig, entspannt und mit einem guten Schwungtempo belohnt. Versuchen Sie es doch einmal, wenn Sie das nächstemal „Schmetterlinge im Bauch" haben – es funktioniert! Übrigens kann auch schon das Summen oder Pfeifen einer Melodie die Spannung reduzieren.

Haben Sie Probleme, beständig gut zu scoren? Auf dem Golfplatz besteht die Gefahr, die Gedanken schon in die Zukunft, also die kommenden Löcher, schweifen zu lassen. Wenn Sie dazu neigen, ein, zwei Löcher lang „nachzulassen" und sich dann erst wieder fangen, liegt es an einer schlechten Denk- und entsprechend defensiven Spielweise. Dies können Sie abstellen, indem Sie

gedanklich in der Gegenwart bleiben – also weder der Vergangenheit nachzutrauern noch die Zukunft zu planen. Nur so können Sie die Kontrolle über das „Genau hier, genau jetzt" nicht verlieren.

Ironie des Golfspiels ist, daß Erfolg nur wenig mit der Anzahl der guten Schläge während einer Runde zu tun hat. Entscheidend sind vielmehr die Qualität der schlechten Schläge und die Klarheit der Gedanken. Deshalb ist das Mentale so wichtig, wenn es darum geht, die Trainings-Erkenntnisse auf die Platz-Erlebnisse zu übertragen. Mentale Defizite verdienen daher eine ebenso große Trainings-Aufmerksamkeit wie körperliche oder technische.

Schlechtes Denken verleitet zu falschen Entscheidungen und schlechten Schlägen. Klassisches Beispiel: Sie schlagen mit dem Driver ab, obwohl ein Holz 3 oder gar ein langes Eisen die erfolgversprechendere Wahl gewesen wäre. Ihr Ziel ist doch eigentlich, *den Ball ins Spiel zu bringen*. Halten Sie sich daran, und hohe Zahlen werden von Ihrer Scorekarte verschwinden. Selbst Top-Spieler wie Greg Norman, Ernie Els oder Tiger Woods entscheiden sich im Zweifelsfalle für die sichere Schläger-Variante!

Vergessen Sie nicht: Die Wälder sind voller langer (Ab-)Schläge …

Eine wesentliche Voraussetzung für gutes Golf ist auch das Wissen um die Schlagweite. Viele Amateure denken, den Ball weiter zu schlagen, als sie dies effektiv tun. Eine Selbstüberschätzung, die viel Unheil anrichtet. Daß Sie ein Eisen 6 vereinzelt 150 Meter weit schlagen, bedeutet noch lange nicht, daß dies sein Durchschnittswert ist. Es erklärt aber, warum Amateure das Grün oft im „Drei-Putts-Bereich" erreichen.

Gute Spieler interessiert nicht, wie weit Sie einen Ball mit einem bestimmten Schläger schlagen können. Ihnen geht es darum, den Ball so beständig zu schlagen, daß auf der Driving-Range alle Schläge innerhalb eines kleinen Umkreises zur Ruhe kommen. Womit wir bei dem sind, was ich als „echte Kontrolle" definiere und worin sich selbst Berufsspieler unterscheiden. Nick Faldo hat eine hervorragende Schwungkontrolle und trifft den Ball so sauber, daß all seine Schläge mit der gleichen Flugbahn exakt gleich lang fliegen. Nick Price ist ein weiterer Spieler, der Entfernungen mit einem geradezu peniblen Hang zur Präzision beurteilt.

Machen Sie die Schlägerwahl nicht von Ihrem Ego abhängig! Je eher Sie auf dem Platz realistisch vorgehen, desto früher werden Sie Ihre Ziele auch erreichen. Ein Schläger mehr ist oft die beste Wahl – weil er Sie ruhiger schwingen läßt und dadurch Ihre Chancen auf einen guten, geraden Schlag steigert.

LOCH	PAR	ABSCHLAG	2. SCHLAG	3. SCHLAG
1	4	D, 220 m Rr	GB 1	
2	3	E4, 160 m, 5 m an F		
3	4	D, 230 m Rr	E6, 140 m Rr	
4	5	D, 200 m mitte F	H3, 200 m F	E8, 105 m auf G
5	4	D gepullt, 220 m Rl	E8, 105 m kurz	
6	3	E8, 123 m GBl		
7	4	D, 234 m Rr	E7, 10 m an F	
8	4	H3, 200 m FB	E6, 125 m kurz	
9	5	D, 235 m B	W zum F	H3, 195 m, kurz
10	4	D, 230 m F	E4, 150 m kurz	
11	4	E3, 170 m F	E9, 105 m auf G, 7 m	
12	3	H5, 155 m GBr		
13	5	D, 230 m Rr	E5, 135 m F	W 70 m auf G
14	4	H3, 230 m F	E5, 140 m F kurz	
15	4	H3, 200 m F	W, 90 m auf G, 3,5 m	
16	3	E4, 155 m GBl		
17	5	D, 230 m F	H3, 185 m Rr	E9, 85 m kurz
18	4	H3, 195 m F	E7, 120 m auf G, 8 m	

D = Driver, H = Holz, E = Eisen, W = Wedge
l = links, r = rechts
R = Rough, FB = Fairwaybunker, B = Bäume, GB = Grünbunker, F = Fairway, G = Grün, P = Pin (Fahne)

KOMMENTAR: Zu viele Schläge waren rechts, besonders mit dem Driver
Pitchschläge waren unbefriedigend / Putts waren unregelmäßig / Zu viele Schläge blieben kurz
Bemerkenswert: Holz-3-Schläge waren heute sehr gut

Pitch	Chip	Bunker	Putts	SCORE
		6,5 m	2	5
			2	3
10 m			3	6
			2	5
6,5 m			2	5
		3 m	2	4
			1	3
	5 m		2	5
7 m			1	5
5 m			1	4
			2	4
		2 m	2	4
			3	6
	1 m		1	4
			2	4
		7 m	2	4
	3,5 m		2	6
			1	3
			(33)	80

PLATZ: Leadbetter Woods GC
TURNIER: Zählspiel
WETTER: Gut, leichter Wind

PAR/SSS: 72/71
DATUM: Sept. 97
HANDICAP: 10

◁ Regelmäßiges Notieren Ihrer Platz-Erlebnisse ist Voraussetzung, um spezifische Spielschwächen erkennen und einen entsprechend effizienten Trainingsplan erstellen zu können. „Nebenbei" ist dieses Mitschreiben eine Möglichkeit, den Verlauf Ihrer Golfkarriere über Jahre hinweg festzuhalten und sich die Fortschritte immer wieder vor Augen zu führen.

QUER DURCHS BAG: *Standardschläge im Test*

Die bislang vorgestellte Frage- und Antwort-Analyse gibt Ihnen Gelegenheit, über Ihr Spiel nachzudenken. Ich hoffe, daß Sie durch meine Ideen und Vorschläge angehalten werden, Ihr Spiel künftig professioneller zu sehen. Um die erhaltenen Informationen zu komplettieren, sollten die sogenannten „Standardschläge“ ab und an einer genauesten Prüfung unterzogen werden. Wenn ich mich mit einem Spieler beschäftige, schaue ich mir zunächst sein Schlagrepertoire ganz genau an: Seine Abschläge, Eisenschläge, Pitches, Chips, Bunkerschläge und Putts. Mich interessiert dabei nicht, welche Kunstschläge der Spieler beherrscht. Ich verlange nur nach soliden Leistungen in allen Spiel-Bereichen.

Sie können sich auch selbst einem Test unterziehen ... Denken Sie sich beispielsweise auf der Driving-Range ein Fairway, das es zu treffen gilt, schlagen Sie mit einem Eisen abwechselnd zu verschiedenen Zielen oder spielen Sie aus unterschiedlichen Entfernungen auf ein Grün. Am besten ist es, wenn Sie diese Übungen gemeinsam mit einem gleichstarken Freund machen. Denn so eröffnet sich Ihrem Training eine neue Dimension: Es wird zum Wettbewerb und lehrt Sie, Druck standzuhalten.

Ich möchte betonen, daß es sich bei den erstrebenswerten Übungszielen auf den kommenden Seiten nur um allgemeine Richtlinien handelt – stören Sie sich also nicht an den Zahlen. Sie zeigen Ihnen nur, welches Können ich von Spielern der verschiedenen Handicap-Klassen voraussetze. Niemand kann Ihr Potential besser beurteilen als Sie selbst – seien Sie also Ihr eigener Richter!

DER ABSCHLAG: *Ball im Spiel – oder verzogen?*

Abschläge sind wichtig, weil ohne sie keine gute Spielstärke erreichbar ist. Ich sehe aber sehr oft Spieler, die sich mit ihren Abschlägen quälen – und damit jede Hoffnung auf einen guten Score im Keim ersticken. Nehmen Sie den Schläger, mit dem Sie normalerweise abschlagen (Driver oder Holz 3) und stellen Sie sich ein etwa 25 bis 30 Meter breites Fairway vor. Schlagen Sie nun zehn Bälle so konzentriert, als ob Sie sich auf einer Turnierrunde befänden. Denken Sie daran: Der Schlüssel für beständige Ergebnisse sind im Spiel gehaltene Schläge. Wieviele Ihrer zehn Bälle landen denn auf dem imaginären Fairway?

Wenn Ihre Erfolgsquote unter 50 Prozent liegt, sollten Sie den Schläger aus dem Bag verbannen. Widerstehen Sie der Versuchung, ihn zu benützen, solange sie damit so viele Schläge verziehen. Schlagen Sie stattdessen mit einem sicheren Schläger ab (ggfs. mit einem Driver mit mehr Loft) und trainieren Sie mit dem „Sorgenkind“, bis sie ihn beständiger beherrschen.

DAS SPIEL MIT DEM EISEN: *Beständige Flughöhe und -kurve*

Beim Eisenspiel ist eine beständige Flughöhe und -richtung entscheidend. Ich schlage folgende Übung vor: Nehmen Sie drei Schläger (beispielsweise Eisen 9, 6 und 4) und überzeugen Sie sich selbst, ob Sie damit den Ball mit der gleichen Flugrichtung spielen. Schlagen Sie wieder jeweils zehn Bälle und versuchen Sie, alle innerhalb eines zuvor festgesetzten Zielfeldes zu plazieren. Jeder Schlag, der das „Grün" trifft, zählt als Treffer. Vergleichen Sie abschließend die Trefferquote der drei Schläger. Wenn Sie mit dem Eisen 9 das Grün siebenmal getroffen haben, mit dem Eisen 6 aber nur dreimal, dann wissen Sie, woran Sie bis auf weiteres arbeiten sollten.

Selbst guten Spielern bereiten lange Eisen manchmal Probleme. Allen Spielern, die noch kein einstelliges Handicap erreicht haben, rate ich, längere Eisen als das „4er" durch ein Holz zu ersetzen. Hölzer sind weitaus leichter zu schlagen und stärken dadurch das Selbstvertrauen.

DER PITCH: *Die Kontrolle der Distanz*

Suchen Sie sich, etwa 40 Meter von der Fahne entfernt, eine ebene Stelle. Schlagen Sie nun zehn Bälle mit dem Pitching- oder Sandwedge. Konzentrieren Sie sich dabei auf die Flugweite. Alle zehn Bälle sollten am Ende auf dem Grün liegen – es gibt wirklich keinen Grund, aus dieser Distanz das Grün zu verfehlen. Ein halbwegs guter Pitch-Spieler müßte gar fünf der zehn Bälle innerhalb von fünf Metern zur Fahne plazieren. Jeder Schlag, der das Ziel um mehr als sieben Meter verfehlt, sollte Sie enttäuschen. Aus einer Entfernung von 40 Metern sollte ein einstelliger Spieler mindestens eine 50prozentige „Up and-Down"-Erfolgsquote vorweisen. (D.h., er locht mit den nächsten zwei Schlägen ein.)

DER CHIP: *Die gerollte Annäherung*

Suchen Sie sich rund ums Übungsgrün eine ebene, saubere Stelle, drei bis vier Meter vor dem Grünrand und weitere 10 bis 15 Meter vom Loch entfernt. Nehmen Sie nun den Schläger, mit dem Sie am liebsten Chippen und bereiten Sie sich auf einen ganz normalen Chipschlag vor. Stellen Sie sich gedanklich vor, wie der Ball an einer bestimmten Stelle aufkommt und dann zum Loch ausläuft. Versuchen Sie, zehn Bälle möglichst nahe ans Loch zu bekommen – alle innerhalb eines Meters dürfen dabei als Erfolg betrachtet werden.

Hierbei handelt es sich um den entscheidenden Teilbereich des kurzen Spiels. Solange Sie nicht mindestens fünf von zehn Chips innerhalb eines Meters zum Loch plazieren, verschenken Sie rund ums Grün zuviele Schläge. Gute Scores und ein besseres Handicap gibt es nur, wenn mindestens sieben der zehn Bälle in einem Umkreis von einem Meter zum Loch zur Ruhe kommen.

DAS SPIEL AUS DEM BUNKER: *Der Standardschlag*

Suchen Sie sich im Übungs-Grünbunker eine saubere Ball-Lage, 10 bis 12 Meter vom Loch entfernt. Schlagen Sie zehn Bälle und notieren Sie sich Ihr Ergebnis. Versuchen Sie, körperlich entspannt das Sandwedge konsequent unter dem Ball hindurch zu schwingen, so daß der aus dem Hindernis heraus zum Ziel fliegt.

Bunker bereiten mehr Probleme als nötig. Dieser Problematik bewußt, möchte ich meine Erwartung hier bescheiden halten. Ich erwarte aber von jedem Spieler, nur einen Schlag zu benötigen, um den Ball aus dem Sand heraus auf das Grün zu spielen. Anders gesagt: Unter Berücksichtigung von zwei Putts pro Grün sollten Sie aus dem Grünbunker heraus niemals mehr als drei Schläge benötigen, um den Ball zu lochen.

Logischerweise – und Gott sei Dank – setzt sich ein Spieler höhere Ziele. In meinen Augen sollte ein einstelliger Spieler sechs von zehn Bunkerschläge nicht weiter als 1,5 Meter vom Loch entfernt plazieren und keiner der verbliebenen vier Bälle sollte weiter als drei Meter vom Loch entfernt zur Ruhe kommen.

DAS PUTTEN:
Lochen Sie die „Winner-Putts“

Wir kommen zum Grün. Suchen Sie sich einen geraden Ein-Meter-Putt, um die Präzision und Beständigkeit Ihres Schlages überprüfen zu können. Machen Sie ein oder zwei Probeschwünge, spielen Sie dann – unter genauer Einhaltung Ihrer Vorbereitungs-Routine – konzentriert zehn Bälle und notieren Sie Ihr Ergebnis. Es gibt keinen Grund, warum nicht jeder Golfer auf einer glatten Grün-Oberfläche bei einem geraden Ein-Meter-Putt eine 50prozentige Erfolgsquote haben sollte. Bei einem schlechteren Ergebnis sollten Sie Ihren Putts höchste Aufmerksamkeit zukommen lassen. Um als guter Putter zu gelten, müssen Sie aus einem Meter mindestens sieben von zehn Bällen lochen, wobei ein einstelliger Spieler mindestens acht Bälle lochen sollte.

DAS PUTTEN:
Legen Sie den Ball „tot“

Entfernen Sie sich sieben bis zehn Meter vom Loch und versuchen Sie, das Loch „zuzumauern“. Will heißen, Sie sollten jeden der zehn Putts in einem Umkreis von 50 Zentimetern vom Loch „tot“ legen. Achten Sie bei jedem Ihrer zehn Putts auf Richtung und Geschwindigkeit. Halten Sie Ihre Vorbereitungs-Routine ein und fühlen Sie bei jedem Schlag, wie der Ball die Schlagfläche in Richtung des Lochs verläßt. Jeder gelochte Putt gibt einen Bonuspunkt. Unabhängig Ihres Handicaps sollten Sie in der Lage sein, mindestens sieben Bälle in „Schenk“-Weite zu plazieren. Sollte Ihnen dies Probleme bereiten, müßten Sie einige Zeit auf dem Putting-Grün verbringen. Einstellige und ambitionierte Spieler sollten bei dieser Übung mindestens eine 90prozentige Erfolgsquote anstreben.

BRIDGESTO
NICK FALDO

2 Schlüssel-Lektionen und Trainings-Techniken

Die meisten Hobbygolfer sind der Meinung, daß die Tourspieler auf der Driving-Range eine eigene Sprache sprechen und daß ihnen eine Art geheimer Technik zu eigen ist. Dem ist natürlich nicht so! Die Topstars arbeiten Woche für Woche, kaum daß sie ihre Turnierrunden beendet haben, an den ganz „normalen" Bereichen des Golfspiels, um ihre Ergebnisse zu stabilisieren.

Natürlich trachten die Profis danach, ihre Kraft und somit Schlagweite zu maximieren. Wer träumt nicht davon? Doch im Gegensatz zu den Amateuren, die die – wohl etwas langweiligeren – Lektionen zum Thema Griff, Haltung und Ausrichtung zumeist vernachlässigen, weiß der erfahrene Golfspieler, daß ohne diese elementaren Schwungelemente, nachfolgend „Fundamente" genannt, nichts geht. Einzig die Fundamente erlauben es Ihnen, den Ball besser, weiter und *gerader* zu schlagen. Golf verlangt nach Disziplin!

Wollen Sie ein besserer Spieler werden? So Sie die Fundamente diszipliniert im Auge behalten, gibt es keinen Grund, daß Sie sich – unabhängig Ihrer körperlichen Voraussetzungen – keinen Schwung erarbeiten, der es Ihnen erlaubt, die Schlagfläche zu kontrollieren. Dies ist vonnöten, um eine beständige Ballführung zu gewährleisten. Ihnen wird möglicherweise kein Schwung beschert sein, der den Ball jedesmal am Ziel landen läßt (nicht einmal die Weltbesten erreichen diese Kontrolle!), aber zumindest ein Schwung, der den Spielraum zwischen Ihrem besten und schlechtesten Schlag verringert und Sie mit einer guten Erfolgsquote belohnt. In meinen Augen spielen viele Handicap-18-Spieler auf 12 der 18 Löcher im einstelligen Bereich. Aber auf den restlichen Löchern verschenken sie zuviele Schläge. Das Potential wäre also vorhanden – nicht aber die Beständigkeit. Ihre Scores werden sich verbessern, wenn es Ihnen gelingt, Ihre schlechten Schläge zu verbessern. Zudem wird Ihnen das Glück hold sein, wenn Sie die Fundamente des Golfschwungs nicht aus den Augen verlieren und regelmäßig überprüfen.

Wir sind alle von unterschiedlicher Körperstatur und haben unterschiedliche Temperamente, ergo müssen wir die Fundamente zwangsläufig individuell verschieden betrachten. Großgewachsene Spieler wie Nick Faldo oder Ernie Els haben die gleichen Fundamente erlernt wie kleinere Spieler à la Ian Woosnam oder Jeff Sluman – erst ihre körperlichen Unterschiede haben zu unterschiedlichen Schwung-Mustern geführt.

Interessant ist die Beobachtung, daß der Schwung eines Spielers seine Persönlichkeit widerspiegelt. Ernie Els, ein eher lockerer Zeitgenosse, schwingt eher langsam. Ganz im Gegensatz zu Nick Price, der hart schlägt. Doch auch dieser kraftvollere Schwung ist – vom Abschlag bis zum Grün – gleichbleibend beständig. Aus diesem Grunde sollten Sie die in diesem Kapitel folgenden Abschnitte als eine Art Vorschlag ansehen, der Ihnen die regelmäßig zu überprüfenden Schwung-Fundamente verdeutlichen soll. Doch zuvor möchte ich noch auf zwei weitverbreitete Mythen eingehen, die Ihrem Spiel alles andere als guttun.

„WEISHEITEN", DIE IHREM SPIEL SCHADEN

„HALTEN SIE IHREN LINKEN ARM GERADE"

Auf meinen Golfreisen rund um die Welt höre ich immer wieder relativ erstaunliche Schwung-Theorien. Darunter sind einige weitverbreitete, die wohl aus einer ungesunden Mischung aus Altüberliefertem und Neuerkanntem geboren sind.

Auch Sie kennen Sie wahrscheinlich, die Sprüche à la „*Halten Sie Ihren linken Arm während des Rückschwungs gerade*", „*Machen Sie eine große Drehung*", „*Halten Sie Ihren rechten Ellbogen nah am Körper*" oder „*Schieben Sie mit den Beinen*". Und dann wäre da natürlich noch die „Weisheit" aller Golf-Weisheiten: „*Halten Sie Ihren Kopf unten*" ...

Obwohl an all dem ein Fünkchen Wahrheit ist, so können sie, zu wörtlich genommen oder falsch befolgt, eine freie Schwungbewegung ernsthaft behindern. Es erzeugt nichts anderes als Anspannung, wenn Sie vor dem Ball stehen und daran denken, den linken Arm im Rückschwung gerade zu halten. Sie werden fester greifen und im linken Arm verkrampfen – eine muskuläre Anspannung, die auf den Oberkörper übergreifen wird. Ich kenne nur sehr wenige Top-Spieler, die am höchsten Punkt des Rückschwungs den linken Arm wirklich durchstrecken. Es gibt einige Spieler, die den Arm *ziemlich gerade* halten, aber kaum welche, die ihn wirklich durchstrecken. Da der Schwunggedanke „linker Arm gerade" nicht durchführbar ist, sollten Sie auch gar nicht erst daran denken.

Ein gewisses Maß an Flexibilität im linken Arm erlaubt Ihnen einen größeren Rückschwung und eine Rhythmusverbesserung. Es gibt nur eine Schwungposition, in dem der linke Arm gestreckt sein sollte: Der Treffmoment. Doch da bewirkt die Zentrifugalkraft, die den Schläger beschleunigt, dies von ganz alleine.

„Halte den rechten Ellbogen nah am Körper" – eine weitere „Weisheit", die zur Verkrampfung führt. Wer sich daran hält, könnte sich genauso gut in eine Zwangsjacke stecken lassen. Schränkt er doch den Schwungradius ein, das Ergebnis ist ein kurzer, ruckartiger und kraftloser Schwung.

Wußten Sie übrigens, daß die „Rechte Ellbogen an Körper"-Philosophie aus einer Zeit stammt, in der sich kein Golfer ohne ein, die Bewegungsfreiheit einschränkendes, Sakko auf den Platz getraut hätte. Aber die Zeiten haben sich schließlich geändert! Die moderne Ausrüstung und zunehmende Fitness erlauben dem Golfer, eine große Rückschwung-Bewegung mit entsprechend vom Körper gelösten rechten Ellbogen zu machen. Zu Jack Nicklaus' Anfängen war sein „fliegender" rechter Ellbogen verpönt – heute findet niemand mehr etwas Schlimmes daran. Schauen Sie sich doch nur einmal den Rückschwung von Fred Couples an!

Bei einem guten Rückschwung dreht der Oberkörper gegen den Widerstand der Hüfte und der Oberschenkel. Dadurch entsteht eine Art von „Zahnradeffekt" zwischen dem Ober- und Unterkörper, was einen kraftvollen Schlag ermöglicht. Doch aus dem Gedanken heraus, eine große Drehung zu vollziehen, drehen viele Golfer ihren Körper so schnell vom Ball weg, daß der Schläger erst die Hälfte seines Rückschwung-Weges zurückgelegt hat, wenn Hüft- und Schulterdrehung schon abgeschlossen sind. In diesem Fall müssen Arme und

„HALTEN SIE IHREN RECHTEN ELLBOGEN AM KÖRPER"

Hände unabhängig voneinander agieren, um den Schläger bis zum höchsten Punkt des Rückschwungs zu heben. Der Widerstand im Unterkörper wird dadurch ausgeschaltet, es entsteht ein kraft-, da *spannungsloser* Schlag.

Ich weise immer darauf hin, daß ein guter Schwung auf dem synchronen Zusammenwirken aller Körperteile basiert. Nur so erreichen Körper und Arme gleichzeitig den höchsten Punkt des Rückschwungs und erzeugen die größtmögliche Portion an Widerstand und Spannung. Der Golfer, der dies mißversteht, macht zumeist zwar eine große Körperdrehung, erzeugt aber keine Spannung. Mir ist die „Wenig Drehung aber viel Spannung"-Konstellation weitaus lieber.

„MACHEN SIE EINE GROSSE DREHUNG"

Dieser Fehler kann auch einen Kippschwung bewirken, bei dem der Spieler sein Gewicht am höchsten Punkt der Ausholbewegung auf den linken und im Treffmoment auf den rechten Fuß verlagert. Die Gewichtsverlagerung erfolgt dann gegen die Richtung der Schwungbeschleunigung – was überhaupt keinen Sinn macht!

Denken Sie daran: Es ist wichtig, daß die Körperdrehung synchron zur Schwungbewegung der Arme und des Schlägerkopfes verläuft. Die Körperdrehung muß dabei eine korrekte Gewichtsverlagerung bewirken – erst vom Ziel weg und dann zum Ziel hin. So wie der Boxer sein Gewicht in den Schlag legt, muß auch der Golfer sein Gewicht in den Schlag legen, um maximale Schlägerkopf-Geschwindigkeit und -Kraft zu erzeugen.

Sie können übrigens Ihr Gewicht seitlich nach rechts verlagern, solange es dabei nicht über die Außenseite des rechten Fußes hinausgeschoben wird. Das ist dann keine schiebende Bewegung, weil Sie Ihren Körper ja nur gegen den Winkel in ihrem Knie drehen, um mehr Spannung zu erwirken.

„Drücken Sie die Beine nach vorne", um kraftvoller zu schwingen – ein Überbleibsel einer Lehrmethode aus den siebziger Jahren, das heute vielen Golfern zu schaffen macht. Denn die einzigen, die von dieser „Weisheit" profitieren, sind die Chiropraktiker: Das Ergebnis ist nämlich ein im Treffmoment weit hinter dem Unterkörper „liegender" Oberkörper, was erstens nach einem großen Hand-Einsatz verlangt und zweitens in der klassischen umgedrehten C-Stellung endet, die eine enorme Belastung des Rückens darstellt.

Auch in diesem Falle fehlt das Synchrone zwischen Ober- und Unterkörper. Der Unterkörper arbeitet im Treffmoment zwar sehr kraftvoll, doch zu Beginn des Abschwungs muß er zunächst passiv bleiben, bis die linke Hüfte aus dem Weg gedreht ist. Eine (schwere) Frage des (guten) Timings: Drücken Sie die Beine zu schnell nach vorne, muß der Oberkörper „hinterher laufen". Aber nur eine gute Bein-Arbeit gibt Ihnen das Gleichgewicht, ohne das Sie sich nicht auf einen stabilen Schwung konzentrieren können, während Sie im Treffmoment Ihre linke Körperhälfte aus dem Weg drehen (und nicht durch den Treffmoment hindurch schieben).

„SCHIEBEN SIE MIT DEN BEINEN"

Kommen wir zur Spitze und weitverbreitetsten aller „Weisheiten", dem „Halten Sie den Kopf unten". Es stimmt, daß der Kopf während des Schwungs weder übermäßig rauf und runter noch zu sehr hin und her bewegt werden sollte. Aber es gibt nur sehr, sehr wenige gute Spieler, die Ihren Kopf während der Körperdrehung – insbesondere bei längeren Schlägern oder dem Driver – wirklich überhaupt nicht bewegen.

Bewegt man den Kopf zwei bis fünf Zentimeter, reduziert man die Belastung der Wirbelsäule und ermöglicht eine bessere Gewichtsverlagerung. Ich halte den etwas „mitgehenden" Kopf gar für ein wichtiges Element eines dynamischen, beständigen Schwungs. Der Golfer, der danach trachtet, den Kopf während des ganzen Schwungs stocksteif zu halten, verwehrt sich diese Bewegungsfreiheit – und setzt sich zudem dem verbreiteten (und manchmal schmerzvollen) Revers-Pivot, sprich Kippschwung, aus.

Wie Sie sehen, können auch noch so gut gemeinte Ratschläge Ihrer Golf-Entwicklung sehr schaden. Mir geht es daher darum, daß Sie verstehen, welche Fehler derartige „Weisheiten" nach sich ziehen. Vergessen Sie sie! Nicht nur, daß diese „Weisheiten" Ihre Gedanken zu sehr in Beschlag nehmen, sie lassen Sie sogar in die falsche Richtung denken, was Ihnen Schwung und Rhythmus raubt und Sie den Ball langsam, kraftlos schlagen läßt.

Wenden wir uns daher besser jenen Schlüssel-Lektionen zu, die ich für eine stets wiederholbare Schwungbewegung für elementar erachte. Die Technik erlaubt es uns heute zwar, den Schwung aus allen Blickwinkeln heraus zu fotografieren. Trotzdem sollte man sich immer vergegenwärtigen, daß ein guter Schwung nicht das Ergebnis einzelner Positionen, sondern einer flüssigen Bewegung ist.

„Halten Sie den Kopf unten"

FUNDAMENTALE LEKTIONEN

Ich habe nicht die Absicht, in diesem Buch auf allzu viel Theorie einzugehen, denn dies habe ich bereits in meinem ersten Buch „Der Golfschwung" getan. Es gibt jedoch einige elementare Dinge, die es stets zu beachten gilt. Auf den folgenden Seiten stelle ich Ihnen die Schlüssel-Lektionen vor, auf denen mein Unterricht basiert. Sie ermöglichen es Ihnen, sich den guten Schwung bildlich vorzustellen.

Warum spielen die fundamentalen Schwungbereiche eine solch wichtige Rolle? Weil sie das „A" und „O" einer guten Schwungmethode sind! Wer sich daran hält, wird erwiesenermaßen Fehler minimieren und mit einer beständigen Schwungbewegung belohnt. Arbeiten wir also an all diesen fundamentalen Lektionen auf der Driving-Range, damit wir, wenn es auf den Platz geht, Vertrauen in unserem Schwung aufgebaut haben.

Denken führt zu Anspannung. Wir kennen sie doch alle, die Golfer, die so sehr mit ihren Gedanken beschäftigt sind, daß sie sich selbst im Wege stehen. Es gilt zu verstehen, daß es dem Körper unmöglich ist, jeden vom Gehirn kommenden Befehl zu verarbeiten. Das Golfspiel zu erlernen, bedeutet, lernen zu vertrauen. Durch körperliches Training erlernen – und perfektionieren – wir einen Bewegungsablauf. Der Golfschwung ist weitgehend eine instinktive Angelegenheit, bei der die Gedanken weitaus mehr auf das „Wohin" als auf das „Wie" fixiert sein sollten.

Ich möchte betonen, daß ich keine bestimmte Methode predige, sondern eine Philosophie lehre, die das Wesen „Mensch" berücksichtigt. Wir sind alle unterschiedlich – und ebenso wie es nicht zwei identische Fingerabdrücke gibt, gibt es auch keine zwei identischen Schwünge. Was für Spieler A richtig ist, muß für B noch lange nicht passen. Sehen Sie nachfolgende Lektionen daher bitte nur als Anhaltspunkte an – und schrecken Sie nicht vor persönlichen, individuell gültigen, Interpretationen zurück.

VOR DEM SCHWUNG: *Wie greifen Sie richtig?*

Der Golfschwung beginnt mit einem guten Griff: Wie Sie die Hände um den Schläger legen, beeinflußt maßgeblich Ihren Schwung. Es gibt dabei keinen Grund, den Schläger falsch zu fassen!

(1) *Legen Sie den Schläger diagonal in die linke Hand, so daß er vom Ansatz des kleinen Fingers zur Spitze des Zeigefingers verläuft. Legen Sie den Schläger nicht zu weit in den Handballen – ein weit verbreiteter Fehler, der das Handgelenk verkrampfen und unbeweglicher werden läßt.*

(2) *Während Sie die Finger um den Griff legen, sollten Daumen und Zeigefinger fest zusammenbleiben. Beachten Sie die Position des linken Daumens, der nicht zu flach am Griff aufliegen sollte. Ziehen Sie ihn etwas an, um der linken Hand eine schöne, kompakte Haltung zu ermöglichen.*

(3) *Wenn Sie den Schläger anheben, sollten zwei bis drei Knöchel der linken Hand zu sehen sein, während Mittel-, Ring- und kleiner Finger den Griff verankern. Die Hand ist nun in einer Position, in der sich das Handgelenk frei bewegen kann – Grundvoraussetzung für einen korrekten Rückschwung.*

(4) *Wenn Sie die rechte Hand um den Griff legen, sollte dies parallel zur linken Hand erfolgen. So formen Sie eine Einheit. Wenn Sie nun die rechte Hand schließen, sollte der linke Daumen vom Ballen des rechten Daumens verdeckt werden. Der rechte Zeigefinger und Daumen bilden eine Art „Pistolenabzug".*

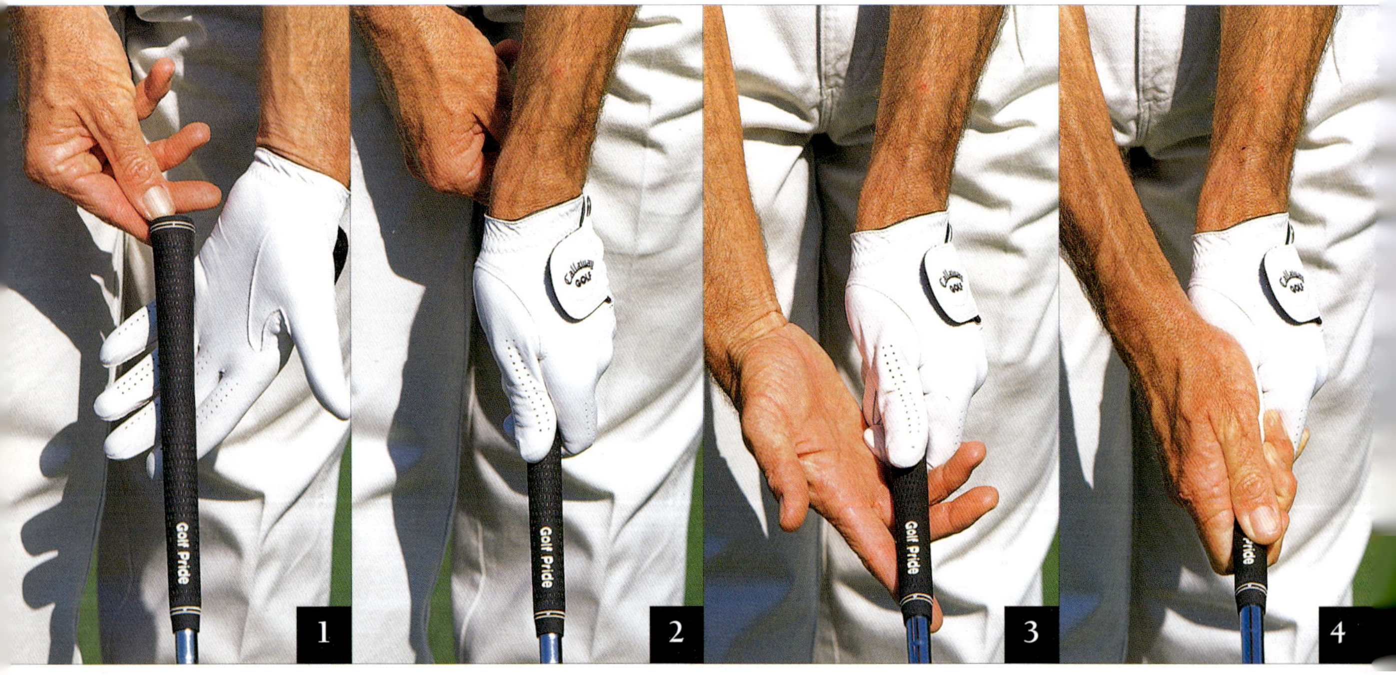

Wie Sie die beiden Hände zusammenlegen, ist eine Frage des persönlichen Geschmacks. Sie sollten beide Möglichkeiten ausprobieren, den Interlocking- und den Overlapping-Griff (siehe Zeichnung). Der Overlapping-, auch Vardon-Griff genannt, ist zwar der auf der Tour weit verbreitetste. Ob er aber auch für Sie der richtige ist, können nur Sie allein entscheiden.

Zu guter Letzt müssen Sie überprüfen, ob Ihre Hände eine zusammenhaltende Einheit bilden. Heben Sie den Schläger zu sich an **(5)**. Dabei sollten sich Ihre Hände zwar kompakt, aber auch beweglich anfühlen. Drücken Sie den Schläger nicht zu fest, wichtig ist ein leichter Griffdruck. (Anspannung verdirbt mehr Golfschläge als irgendein anderer Fehler!) Ihre Hände und Arme sollten sich gelöst und entspannt anfühlen, Sie sollten das Gewicht des Schlägerkopfes am Ende des Schaftes spüren und den Schläger befreiend hin und her wagglen können.

Werden Sie nicht ungeduldig, wenn Sie daran arbeiten, Ihren Griff zu verändern. Der Schlüssel zum Erfolg heißt hier „Wiederholung". Rufen Sie sich den neuen Griff immer und überall in Erinnerung – auch zu Hause vor dem Fernseher. Tun Sie dies, bis Ihnen der gute Griff in Fleisch und Blut übergegangen ist.

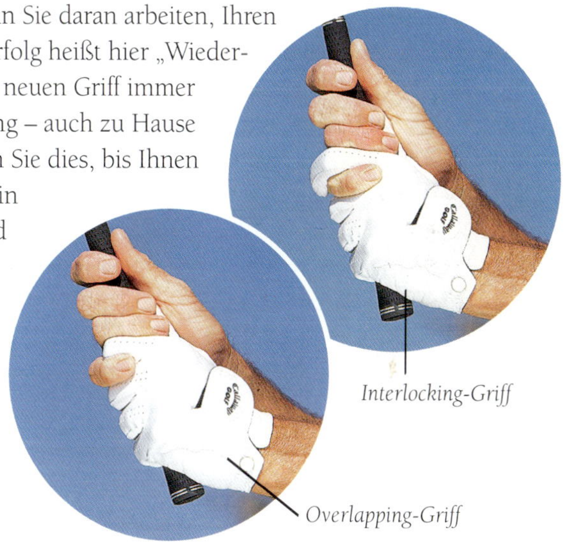

5

CHECKLISTE

- *2 bis 3 Knöchel der linken Hand sind sichtbar*
- *Die V's, gebildet durch Daumen und Zeigefinger beider Hände, verlaufen weitgehend parallel und sind auf einen Punkt zwischen Ihrem Kinn und der rechten Schulter hin ausgerichtet*
- *Die drei letzten Finger der linken Hand und die rechte Hand (oberhalb des linken Daumens) greifen am festesten. Sie haben dabei ein Gefühl eines „gelösten" rechten Zeigefingers*
- *Hände und Arme sind locker und entspannt*

VOR DEM SCHWUNG: *Wie sieht eine gute Haltung aus?*

Die Körperhaltung ist wichtig, da der Schwung in vielerlei Hinsicht einen geometrischen Bewegungsablauf darstellt. Für einen wiederholbaren Schwung und einen kontrollierten Ballflug müssen daher einige Körperwinkel schon bei der Ball-Ansprache korrekt gesetzt und später beibehalten werden. Insbesondere das Einhalten des Rückgrat-Winkels ist der Schlüssel, um eine gute, wiederholbare Drehung zu erreichen und den Schläger auf der richtigen Ebene zu schwingen. Außerdem ermöglicht dies Ihnen, das *Gleichgewicht* zu halten. Was wiederum von höchster Bedeutung ist, um durch den Ball hindurch zu beschleunigen.

Nachfolgende, einfache Übung hilft Ihnen, eine gute Haltung einzunehmen:

(1) ***Stellen Sie sich, Füße schulterbreit plaziert und um 20 bis 30 Grad nach außen gedreht, Hände auf den Hüftknochen gestützt.***

(2) ***Beugen Sie sich etwas aus der Hüfte nach vorne, strecken Sie Ihr Hinterteil etwas nach außen und gehen Sie etwas in die Knie, so daß Sie eine leichte Spannung in den Oberschenkeln spüren. Ihre Arme hängen locker herunter.***

(3) ***Entspannen Sie Ihre Nackenmuskulatur, schieben Sie Ihre rechte Hand unter die linke (als ob Sie den Schläger greifen würden) und ziehen Sie die linke – nicht die rechte! – Hüfte etwas nach oben. Überprüfen Sie Ihre Haltung in einem Spiegel.***

Beim rechtshändigen Golfer sollte die rechte Körperhälfte weitgehend passiv sein. Das Gewicht ruht inmitten der Fußballen, unterhalb der Schuhbänder. (Wenn Sie zwischen den Zehen und Absätzen hin- und herschaukeln können, deutet dies auf eine gute Gewichtsverteilung hin!) Der untere Teil Ihres Rückens ist gerade und Ihr Kinn etwas angehoben. So haben Sie den Bewegungsraum zum Drehen.

VOR DEM SCHWUNG: *Wie sieht eine gute Ausrichtung aus?*

Es hat einen schlichten Grund, warum Golfer Schwierigkeiten mit der Ausrichtung haben: Sie stehen seitlich des Balles, was das Blickfeld für die Ziellinie verzerrt. Gefährlich dabei ist, daß Ausrichtungs-Fehler oft nicht erkannt werden. Aber schon die geringfügigst falsche Ausrichtung werden Sie während des Schwungs instinktiv durch eine Ausgleichsbewegung zu kompensieren versuchen. Dadurch zieht hier ein Fehler rasch den nächsten nach sich.

Sie sollten sich daher mit viel Sorgfalt ausrichten, bevor Sie den Ball ansprechen. Maßgebend ist dabei die Position der Schlagfläche. Stellen Sie sich erst, wenn Sie Ihre Schlagfläche genauestens zum Ziel, rechtwinklig zur Ziellinie, ausgerichtet haben. Stellen Sie Ihren Körper parallel zur Ball-Ziel-Linie. Erst dann folgt die Ausrichtung der Füße, Knie, Hüften, Schultern und Augen, die allesamt ebenfalls parallel zur Ball-Ziel-Linie zu plazieren sind.

Es hilft, einige Schläger auf den Boden zu legen (kleines Bild). So entwickeln Sie ein Gefühl für Ziellinie und Körperausrichtung. Dies wird Sie davor bewahren, daß sich Fehler in Ihre Ausrichtung einschleichen.

Driver

Eisen 5

Eisen 9

VOR DEM SCHWUNG:
Stand- und Ballposition

Zur Ballposition gibt es seitens vieler Spieler und Lehrer unterschiedliche Meinungen. Die eine Theorie besagt, daß bei allen Schlägern die Ballposition gleichbleibend ist und nur die Standbreite verändert wird. Dies ist, sofern durchführbar, sicherlich die Beständigkeit verheißendste Methode, die von den Top-Spielern auch befolgt wird. Johnny Miller, ein sehr „bein-betonter" Spieler, war beispielsweise ein Fan der „Eine einzige Ballposition"-Philosophie.

Ich habe aber festgestellt, daß sich viele Spieler, darunter auch Professionals, an eine andere Theorie halten. Bei der wird der Ball bei langen Schlägern (Driver, Fairway-Hölzer und lange Eisen) etwas weiter vorne im Stand gespielt als bei mittleren Eisen-Schlägern. Diese Methode verlangt nach etwas mehr Gefühl für jeden einzelnen Schlag, erlaubt dem Spieler aber, bei den kürzeren Eisenschlägen nach unten zu schlagen, während lange Schläge mit einem kraftvollen, fegenden Schwung ausgeführt werden.

Hier ist Erfahrung gefragt. Sie müssen herausfinden, welche Ball-Position die für Sie beste ist. Gewöhnen Sie sich beim Training an, zwei Schläger im Form eines „T" auf den Boden zu legen. So können Sie gleichzeitig Ihre Ausrichtung als auch Ihre Ballposition im Auge behalten.

Wann immer Sie an den fundamentalen Schwung-Elementen wie Griff, Ausrichtung, Körperhaltung oder Ballposition arbeiten, wird sich jede Veränderung zunächst unbequem anfühlen. Es ist daher nur zu einfach, in alte Gewohnheiten zurückzufallen. Wie Ben Hogan schon sagte: *„Fühlt sich eine Griff-Veränderung gut an, so haben Sie gar keine vorgenommen."* Das gilt auch für alle anderen Bereiche der Ansprechposition.

VOR DEM SCHWUNG: *Was es zu beachten gilt*

SCHWACHE LINKE HAND

Haben Sie ein Loch im Handschuh? Vorsicht! Dies ist ein sicheres Indiz dafür, daß Ihr Schläger zu weit oben im Handballen liegt. Ändern Sie dies! Der Schläger muß diagonal durch die linke Hand verlaufen, von der Kuppe des Zeigefingers hin zum Ansatz des kleinen Fingers.

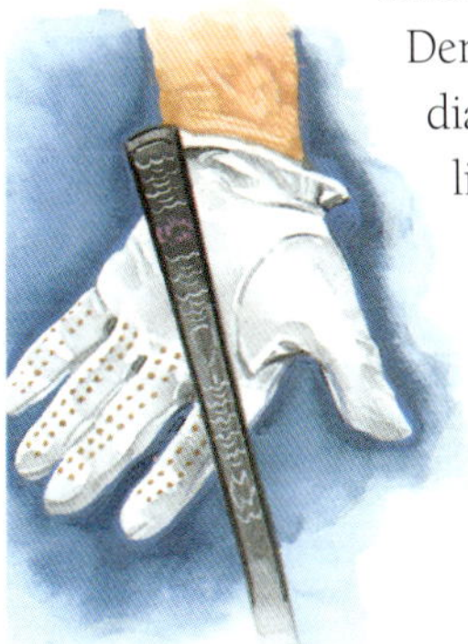

GESCHLOSSENE AUSRICHTUNG

Viele Golfer stehen in einer geschlossenen Ansprechposition, weil sie dazu neigen, erst den Körper und dann die Schlagfläche auszurichten. Ergebnis: Sie richten sich rechts des Ziels aus. Hieraus ergibt sich, daß sie den Schwung verändern müssen, um den Ball zum Ziel zu schlagen. Daher ist es wichtig, folgende Ausrichtungsreihenfolge einzuhalten: Erst Schlagfläche, dann – parallel zu ihrer Ball-Ziel-Linie – Füße, Knie, Hüften und Schultern.

FALSCHE BALLPOSITION

Allgemein gilt, daß Golfer mit Neigung zum Slice den Ball zu weit vorne im Stand, die „Hooker" hingegen zu weit hinten, also vom rechten Fuß, spielen. Korrigieren Sie es, wenn Sie einen dieser Fehler in Ihrem Spiel feststellen.

„OBEN-LASTIGE" KÖRPERHALTUNG

Ein zu weit nach vorne gebeugter Oberkörper ist ein weitverbreiteter Fehler. Er behindert nicht nur die Körperdrehung, sondern wirkt sich auch negativ auf das Gleichgewicht aus. Eine gute Haltung ist eine „große" Haltung. Richten Sie sich stolz auf und heben Sie Ihr Kinn. In einer korrekten Haltung können Sie von den Zehen zu den Absätzen schaukeln.

WIE FUNKTIONIERT DER KÖRPER?

Für mich liegt der Schlüssel zu einem wiederholbaren Schwung im klaren Bewußtsein über die Rolle des Körpers, hier insbesondere dem Zusammenwirken von Unterkörper und Beinen. Das Prinzip ist einfach: Eine gute Bein-Arbeit bewirkt ein ruhiges Gravitätszentrum, um das der Unterkörper dreht, und stabilisiert somit das Gleichgewicht.

Die hier vorgestellte Übung verdeutlicht die Essenz meiner Lehr-Philosophie. Bevor wir den Schwung in seiner Gesamtheit betrachten, möchte ich, daß Sie sich die Aufgabe des Körpers verdeutlichen. Das Geheimnis der Schlagkontrolle besteht darin, durch die Rotation des Körpers einzelne Drehmomente zu erzeugen: Begleitet von einer deutlichen Gewichtsverlagerung zunächst eine drehende Bewegung nach rechts, dann nach links. – Lassen Sie mich dies anhand einer einfachen Übung detailliert erläutern.

DER SCHWUNG-MOTOR: *Bewegungsablauf*

Fühlen Sie das Gleichgewicht und die Körperhaltung einer guten Ansprechposition, während Sie Ihre Hände hinter dem Rücken halten (**1**). Machen Sie aus dieser Position heraus eine leichte Bewegung nach rechts, während Sie den Oberkörper aufdrehen und die Gewichtsverlagerung auf Ihren rechten Oberschenkel einleiten. Diese minimale Bewegung nach rechts, die ich Ruck nenne, ist der erste „Schritt", um die größeren Muskeln des Oberkörpers auf die Schwungbewegung, bei der die rechte Hüfte und die rechte Schulter zunächst im Uhrzeigersinn nach hinten drehen, einzustimmen.

Konzentrieren Sie sich darauf, die rechte Schulter aus dem Weg zu drehen, während Sie gleichzeitig durch die Beugung des rechten Knies Widerstand leisten. Sie wollen zu dem Punkt gelangen, bei dem Ihre Brust auf Höhe des rechten Beines ruht, Ihr Rücken zum Ziel gedreht ist und Ihre linke Schulter bequem unterhalb des Kinns liegt **(2)**.

Durch die Dehnung der Oberkörper-Muskulatur haben Sie Spannung aufgebaut. Diese Energie gilt es nun, über den Rückschwung hinaus aufrecht zu erhalten und erst dann freizugeben, wenn es wirklich darauf ankommt – im Treffmoment. Hierfür müssen Sie Ihr Gewicht in eine Übergangsphase bringen und Ihre Beine ruhig halten, bis Sie die „Sprungfeder" loslassen. Spüren Sie, wie Ihre linke Körperseite dabei aus dem Weg geht: Das linke Knie, die linke Hüfte und die linke Schulter werden, in dieser Reihenfolge – in Richtung Ziel gedreht **(3)**.

„Geduld" heißt dabei das Zauberwort. Lassen Sie sich Zeit, um aufzudrehen – der „Rest" erfolgt dann nahezu instinktiv. Die linke Seite dreht aus dem Weg und macht der rechten Körperhälfte Platz, um kraftvoll durch den Treffmoment hindurch zu schwingen. In der Endhaltung zeigt Ihre rechte Schulter zum Ziel, Ihre Knie stehen eng beieinander und das meiste Gewicht ruht auf Ihrem linken Fuß **(4)**.

Während Sie lernen, die Rotation Ihres Rumpfes mit dem Gleichgewicht und der Kontrolle einer passiven Bein-Arbeit zu koordinieren, stärken Sie Ihren Schwung. Das Ergebnis (mit einem Schläger in den Händen) wird ein besserer Einsatz der Arme und des Oberkörpers während der Drehung durch den Ball und entsprechend gerade, längere Schläge sein.

Alle guten Spieler bewegen sich gut. Eine korrekte Körperarbeit führt zu einer großen Schwunggeschwindigkeit und einem flüssigen Bewegungsablauf. Im Idealfall bleiben die vor der Ansprechposition gebildeten Winkel bis zum Treffmoment unverändert. So wird Ihr Schwung wiederholbar.

ARME, HÄNDE UND SCHLÄGER

Lassen Sie sich gar nicht erst auf die unendliche Debatte ein, ob denn nun eine gute Körper-Bewegung oder eine gute Hand-Arm-Arbeit wichtiger sei. Für gutes Golf sind beide Teilbereiche ausschlaggebend! Ich betone: Eine gute Körper-Bewegung bewirkt Beständigkeit, ein freies Schwingen des Schlägerkopfes und ermöglicht, durch die natürliche Zentrifugalkraft, Geschwindigkeit zu erzeugen. Kurz gesagt: Eine gute Körper-Bewegung bildet den soliden Rahmen, innerhalb dessen die Hände und Arme den Schlag ausführen können. Die Vorstellung, das am Ende eines Fadens befestigte Gewicht zu schleudern, mag Ihnen helfen – der Motor, der den Schwung kontrolliert, ist aber stets die Körper-Bewegung. Solange Arme, Hände und Körper synchron zusammenarbeiten, kann der Spieler den Schläger auf einer guten Schwungebene bewegen und seine Kraft in Hebelwirkung umsetzen. Langen, soliden Schlägen steht damit nichts mehr im Wege.

Probleme treten auf, wenn Arme und Körper unabhängig voneinander arbeiten. Dies zerstört den Schwungradius und beeinflußt die Zentrifugalkräfte negativ. Daraus resultierend hat der Spieler keine Kontrolle über den Verlauf seines Schwungs und kann seine Schlägerkopfgeschwindigkeit nicht maximieren. Er setzt sich somit im Treffmoment allen erdenklichen Unbeständigkeiten aus. Um dies zu vermeiden, gebe ich Ihnen nachfolgend einen Leitfaden zum Schwung-Aufbau zur Hand. Er erlaubt Ihnen, Körper-, Hand- und Armarbeit zu harmonisieren, um zu einem freien, flüssigen Bewegungsablauf zu kommen.

DAS WEGFÜHREN: *Koordinieren Sie Schläger und Körper*

Jeder gute Schwung basiert auf einem koordinierten Zusammenwirken von Händen, Armen, Schläger und Körper zu Beginn des Rückschwungs. Dabei geben Rhythmus und Tempo den Takt für das Nachfolgende an.

Wenn Schläger, Hände, Arme und Brust als Einheit zusammenarbeiten, wird der Schlägerkopf – den Boden und der richtigen Schwungrichtung entlang – zurückgeführt, ganz so, wie es aus geometrischer Sicht logisch erscheint. Gut ist dabei das Gefühl, daß Ihr linker Arm etwas nach unten drückt, während Ihre linke Schulter dreht, und daß die Hände möglichst nah des rechten Oberschenkels vorbeigeführt werden.

Wichtig ... Beachten Sie, daß der Schlägerkopf zwar auf einer Ebene innerhalb der Ball-Ziel-Linie vom Ball wegschwingt, aber dennoch außerhalb der durch die Hände gebildeten Linie bleibt. Sie wollen schließlich weder die Handgelenke abwinkeln noch den Schläger zu weit nach innen wegreißen. Auch möchten Sie nicht die Hände unabhängig des Körpers arbeiten lassen oder den Schläger abrupt außerhalb der Handlinie nach oben heben.

Callaway
GOLF

AUF HALBEM RÜCKSCHWUNG-WEG: *Schläger in der richtigen Ebene*

Sobald der Rückschwung eingeleitet ist, sollte der Schläger auf eine etwas steilere Ebene gebracht werden. Dabei bildet der ursprüngliche, zwischen Schlägerschaft und Boden gebildete Winkel den Anhaltspunkt. Nun ernten wir die Früchte eines guten Griffes, da die Handgelenke das Anheben des Schlägers auf die richtige Ebene bewirken.

Zur Überprüfung blicken wir in einen Spiegel: Es gilt, die Position herzustellen, in der der rechte Arm abgewinkelt ist und der linke Arm, parallel zum Boden liegend, gegen die Brust drückt. Die Hände befinden sich dabei gegenüber des Brustbeins, während das Griffende des Schlägers auf einen Punkt innerhalb der Ball-Ziel-Linie deutet. Diese Position erreichen Sie, indem Sie den linken Unterarm sanft vom Ball wegdrehen und die Handgelenke abwinkeln – ein Zusammenwirken, das schon beim Wegnehmen des Schlägers beginnt und sich steigert, während die Hände von Knie- auf Hüfthöhe steigen.

Frontal betrachtet sollte ein Teil des rechten Oberarms gerade noch oberhalb des linken sichtbar sein, der linke Ellbogen zeigt zum Boden. Der rechte Ellbogen hängt frei – ist also nicht eng an den Körper geklemmt. Der Winkel im rechten Knie bleibt unverändert. Die Beine bilden den Stützbalken, der die Drehung des Oberkörpers trägt.

Beobachten Sie einen guten Spieler beim Bälleschlagen. Sie werden rasch feststellen, daß seine Position auf halbem Rückschwung-Weg der Hauptgrund für sein beständiges Schwingen darstellt: Sobald seine Hände Hüfthöhe erreicht haben, sind seine Handgelenke abgewinkelt, um den Schläger auf der richtigen Ebene zu schwingen. Dies erreicht, bedarf es nur noch einer guten Schulterdrehung, um den Rückschwung zu beenden.

AUF HALBEM RÜCKSCHWUNG-WEG: *Was zu beachten ist*

UNABHÄNGIGE HAND-ARBEIT

Es ruiniert den Rückschwung, wenn sich die Hände und Arme unabhängig vom Körper bewegen. Typische Symptome sind dabei das Zurückschnellen des Schlägers nach innen (Folge: Sehr flacher Rückschwung) und das abrupte Hochschnellen des Schlägers (Folge: Sehr steile Schwungebene). In beiden Fällen fehlt die Koordination zwischen Schläger, Händen, Armen und Körper, was nach einer kompensierenden Ausgleichsbewegung verlangt, um den Schläger im weiteren Schwungverlauf auf die richtige Ebene zu bringen. Beständigkeit wird so zum Zufallsprodukt.

Callaway
GOLF

AM HÖCHSTEN PUNKT: *Schultern sind gedreht, Schlagfläche ist „square"*

Von der „Halbzeit"-Position bis zum höchsten Punkt des Rückschwungs zu gelangen, ist kein Problem: Der Oberkörper dreht voll auf, die linke Schulter dreht unter das Kinn und der rechte Ellbogen trägt den Schläger. Das Kinn folgt nach rechts, um eine volle Drehung zu erleichtern, das meiste Körpergewicht lastet auf der rechten Seite und der linke Arm ist locker – alles wichtige Komponenten für einen intakten, korrekten Rückschwung.

Weitere beachtenswerte Schwung-Details sind, daß die Schlagfläche parallel zum linken Unterarm steht (was wir eine neutrale Position nennen), während der Schlägerschaft in etwa parallel zur Ziellinie liegt. Die Hände sind weit vom Kopf entfernt – ein Indiz, daß der Radius groß gehalten wurde. Die Handgelenke sind ganz abgewinkelt, die linke Schulter liegt unterhalb des Kinns, der Rücken zeigt zum Ziel.

Diese Position hängt von guten Voraussetzungen zu Beginn der Schwungbewegung ab: Ein neutraler Griff, eine gute Ansprechposition, eine Rotation der Schultern im rechten Winkel zur Wirbelsäule und das korrekte Abwinkeln der Handgelenke wird am höchsten Punkt des Rückschwungs mit einer kraftvollen, aufgedrehten Haltung belohnt.

AM HÖCHSTEN PUNKT: *Was zu beachten ist*

GERINGE GEWICHTSVERLAGERUNG, VERKANTETER SCHLÄGER

Von der Seite betrachtet, erwarte ich im Idealfall eine 90-Grad-Winkelung des rechten Ellbogens, die den Schläger trägt. Bei der Überprüfung dieser Position im Spiegel sollten Sie darauf achten, daß der Schläger weder zu weit links noch rechts des Ziels ausgerichtet ist. Achten Sie auch auf noch so geringe Anzeichen eines „Kippschwungs", bei dem am Ende des Rückschwungs zuviel Gewicht auf der linken Körperseite lastet (ein weitverbreiteter Fehler!). Vergessen Sie nicht: Eine deutliche Verlagerung des Gewichts nach rechts ist der Schlüssel zu einer korrekten, kraftvollen Körperbewegung.

Callaway
GOLF

DER BEGINN DES ABSCHWUNGS: *Die Sprungfeder darf nun schnellen*

Eine gute Position am höchsten Punkt des Rückschwungs vorausgesetzt, kann nun der Abschwung korrekt eingeleitet werden. Der Schlägerkopf wird durch die Schwerkraft zurück zum Ball gezogen, Arme und Hände folgen der zurückdrehenden Bewegung des Körpers und der Schläger nähert sich dem Ball in etwa der gleichen Ebene wie bei der Ansprechposition. Der Freigabe des Schlägerkopfes steht nichts im Wege.

Es ist schwierig, den Abschwung bewußt zu kontrollieren, handelt es sich hierbei doch weitgehend um die Reaktion auf den Rückschwung. Sicht- oder spürbare Fehler sind dabei mehr Auswirkung als Ursache. Aus diesem Grund schenke ich der Anfangsphase des Schwungs soviel Aufmerksamkeit.

Zu Beginn des Abschwungs besonders wichtig: Der Richtungswechsel erfolgt, während der Körper zurückzudrehen beginnt und sich das Gewicht sanft, aber kontinuierlich nach links verlagert. Der Winkel des Rückgrats bleibt unverändert, der rechte Ellbogen bewegt sich nach unten hin zur rechten Hüfte und der Schläger schwingt von innen zum Ball.

BEGINN DES ABSCHWUNGS: *Was zu beachten ist*

„OVER THE TOP", SCHNELLER UNTERKÖRPER

Rückschwung- sind einfacher als Abschwunggedanken, denn, wie bereits erwähnt, der Abschwung ist *Wirkung* und nicht Ursache. Wenn Sie die Möglichkeit haben, mit Hilfe einer Videokamera Standbilder zu betrachten, so können Sie einige Fehler entdecken. Am verbreitetsten ist der, bei dem sich der rechte Ellbogen während des Abschwungs zu weit vom Körper entfernt und außerhalb der Ziellinie bewegt. Bei dieser klassischen „Over the Top"-Bewegung, auch „von außen nach innen" genannt, wird der Schläger zu früh freigegeben. Ein anderer, allerdings hauptsächlich bessere Spieler betreffender, Fehler ist, daß das Gewicht während des Abschwungs zu schnell auf die linke Seite gedrückt und dadurch der Unterkörper zu stark geschoben wird. Die Folge ist ein übertriebener Einsatz der Hände im Treffmoment.

Callaway
GOLF

DER TREFFMOMENT: *Der Kopf ist hinter dem Ball, die Schlagfläche square*

Betrachten wir nebenstehendes, bei hoher Geschwindigkeit aufgenommenes Bild des Treffmoments … Lassen Sie mich nochmals betonen, wie wichtig es ist, den durch die ursprüngliche Ansprechposition vorgegebenen Winkel des Rückgrats bis zum Treffmoment beizubehalten. Er stellt die – feste – Achse dar, um die es zu drehen gilt. Nur so können Sie beständig schwingen und den Ball gleichbleibend gut treffen.

Erinnern Sie sich an die Drehübung von Seite 46 und 47 und nützen Sie sie für eine gute Körperbewegung. Drehen Sie vor und zurück und halten Sie dabei den Winkel des Rückgrats bis zum Treffmoment bei. Erst danach beginnt die Streck-Phase hin zur Endhaltung. Ich betone: Gute Spieler kontrollieren die Rotation des Körpers, indem sie Hände, Arme und Schlagfläche selbst bei hoher Schwunggeschwindigkeit in die Position des Ansprechens zurückführen. Dabei führen die Hände den Schlägerkopf „ruhig" durch den Treffmoment. Beachten Sie die Position der linken Hand: Sie kontrolliert – frei aber kräftig – die Schlagfläche. Der Kopf bleibt stabil, linker Arm und Schlägerschaft bilden unmittelbar nach dem Treffmoment eine gerade Linie und die linke Körperseite ist leicht angespannt, um den Schlag zu absorbieren.

DER TREFFMOMENT: *Was zu beachten ist*

VERÄNDERUNG DES RÜCKGRAT-WINKELS, FALSCHES ABWINKELN DES LINKEN HANDGELENKS

Das Verändern der Neigung des Rückgrat-Winkels während des Abschwungs kann diverse Ursachen haben – der verbreitetste besteht darin, beim Versuch, den Ball in die Luft zu löffeln, „aufzustehen". Dies führt alle erdenklichen Formen der Unbeständigkeit im Treffmoment nach sich. Bei dieser Art von Fehler winkelt das linke Handgelenk im Treffmoment zu stark ab – eine weitere Ursache für unbeständige Schläge.

Callaway
GOLF

DIE ENDHALTUNG: *Die rechte Schulter zeigt zum Ziel*

Die Endhaltung sagt viel über das Spiel eines Golfers aus. Gute Spieler drehen befreit durch den Ball in eine Endhaltung, bei der die Brust etwas links des Ziels zeigt, während die rechte Schulter genau dorthin deutet. Die Hände sind links des Körpers, der Schläger liegt quer über dem Nacken. Dies ist eine Haltung, die problemlos einige Sekunden lang beibehalten werden kann.

Ein guter Durchschwung ist die Kulmination vieler guter Ereignisse, bei denen der Körper die Hauptrolle einnimmt. Während er durch den Schlag dreht, schwingt die Zentrifugalkraft den Schlägerkopf, ganz so, als wäre der ein am Ende eines Fadens befestigtes Gewicht. Ist der Ball geschlagen, wird der Schläger freigegeben. Die Drehbewegung endet in einem vollendeten, stolzen Finish.

Ich sehe es gerne, wenn der Schlägerkopf bis zur Endhaltung beschleunigt wird, so daß er – bedingt durch die Kraft der Beschleunigung – manchmal nach dem Finish sogar wieder etwas zurückschwingt. Wie Sie sehen, ruht das Gewicht auch in diesem Falle fest auf der linken Körperseite. Die Körperhaltung ist gerade (nicht bogenförmig), sprich perfekt ausbalanciert.

Es ist wichtig, den Schwung sauber zu beenden! Arbeiten Sie daher daran, diese Endhaltung zu erreichen. Imitieren Sie die Topspieler! Sie werden keine gute Endhaltung erreichen, solange der Schwung vorher nicht korrekt verläuft. Die klare Vorstellung Ihrer Endhaltung wird Ihnen beim Aufbau Ihres Schwungs helfen.

DIE ENDHALTUNG: *Was zu beachten ist*

GERINGE BESCHLEUNIGUNG

Ein kurzer, eingeschränkter Durchschwung deutet auf eine Verlangsamung durch den Treffmoment. Meines Erachtens geschieht dies, wenn der Ball geschlagen wird, statt daß durch ihn hindurch geschwungen wird. Um dies zu vermeiden, sollten Sie sich vornehmen, den Schläger bis zur Endhaltung zu beschleunigen. Das Ergebnis wird dann ein kraftvoller Treffmoment vor einem kompletten Durchschwung sein, bei dem die rechte Schulter zum Ziel zeigt. Dadurch verbessern Sie auch Ihre Schlägerkopfgeschwindigkeit im Treffmoment – also dort, wo sie am wichtigsten ist.

TRAININGS-TECHNIKEN:
Die Arbeit mit dem Video-Recorder

Eine der größten Hürden, die es während des Schwung-Aufbaus und der Technik-Verbesserung zu überwinden gilt, ist das Unterscheiden von *„Gefühl"* und Realität. Was Sie während des Schwungs zu tun glauben, unterscheidet sich oftmals maßgeblich von dem, was Sie tatsächlich tun. Dem Golflehrer kommt daher die schwierige Aufgabe zu, den Schüler zu überzeugen, daß das „sich grausam und unbequem Anfühlende" schon das richtige ist. Ein neutraler Zeuge kann hier wichtige Hilfestellung leisten – nicht umsonst ist die Videokamera in jüngerer Vergangenheit zum wichtigsten Trainings-Hilfsmittel geworden.

Für mich sind Video-Aufnahmen eine wichtige Informationsquelle, wenngleich auch nicht die Wichtigste. Denn bevor der Golfer kein fundiertes Basiswissen über den Golfschwung hat, macht es keinen Sinn, daß er sich mit den Details seiner eigenen Schwungbewegung auseinandersetzt. In diesem Falle liefe er Gefahr, alles zu technisch zu analysieren, sprich einfache Dinge zu verkomplizieren.

Wenn Sie die Möglichkeit haben, mit Video-Unterstützung zu trainieren, dann stellen Sie das Stativ so ein, daß die Kamera auf Bauchnabelhöhe steht. Machen Sie Aufnahmen aus drei verschiedenen Perspektiven:

1. von vorne (frontal vor Ihnen)
2. seitlich (in Verlängerung der Ziellinie)
3. von hinten (hinter dem Rücken)

Ein besserer Spieler betrachtet sich auch gerne von der Zielrichtung aus. Um zu sehen, was im und nach dem Treffmoment geschieht, muß er Bälle über die Kamera hinweg schlagen. Vorsicht ist dabei angesagt, wer möchte schließlich – mit einem „dünn" getroffenen Ball – die teure Kamera treffen.

Machen Sie mit einem mittleren Eisen in jeder Aufnahme-Perspektive drei bis vier Schläge. Versäumen Sie dabei nicht, bei jeder Kameraeinstellung mindestens eine Großaufnahme zu machen, um später Griff- und Ansprechposition detailliert betrachten zu können. Schauen Sie sich Ihren Schwung zunächst bei normaler Geschwindigkeit an, damit Sie einen Überblick über Ihr Tempo und Ihren Rhythmus bekommen. Danach erst folgt die Zeitlupe, zuletzt die Bild-für-Bild-Betrachtung, die eine präzise Schwunganalyse ermöglicht.

Achten Sie bei der Schwunganalyse auf die Schlüsselpositionen, die auf den vorangegangenen Seiten erklärt wurden. Betrachten Sie zunächst Ihre Ansprechposition, gefolgt vom Beginn des Rückschwungs, der Position auf halbem Weg und am höchsten Punkt des Rückschwungs, im Treffmoment und zuletzt im Durchschwung. Achten Sie darauf, wie Schläger, Hände und Arme im Verhältnis zum Körper agieren. Überprüfen Sie Ihre Drehbewegung, Ihre Bein-Arbeit und die Art, wie Sie durch den Ball schwingen.

Die Rückansicht Ihres Schwungs wird schnell verraten, ob Sie das Gewicht korrekt verlagern und wird beim noch so geringfügigen Anzeichen eines Kippschwungs sofort Alarm auslösen. Sie sollten auch erkennen können, ob Sie die Größe Ihres Schwung-Radius einhalten, ob Sie den Schläger richtig freigeben und ob Sie in eine gute Endhaltung schwingen.

Denken Sie daran, daß die meisten Probleme ihren Ursprung in der Ansprechposition haben, und betrachten Sie sich daher diese Position aus allen drei Kameraperspektiven ganz genau. Eine falsche Ansprechhaltung kann Arme und Schläger schon zu einem frühen Schwung-Zeitpunkt aus der Ebene geraten lassen, worauf der Körper eine Ausgleichsbewegung machen wird, um die Schlagfläche im Treffmoment noch halbwegs square an den Ball zu bekommen. Ein Fehler birgt dabei den nächsten. Ich kann es wohl nicht oft genug betonen: Die Koordination von Arm- und Körperbewegung ist der Schlüssel zu einem beständigen Schwung. Nützen Sie die Video-Aufzeichnungen, um festzustellen, ab welchem Moment Ihr Schwung asynchron verläuft.

Ist beispielsweise die Drehung Ihres Oberkörpers im Rückschwung bereits beendet, obwohl Ihre Hände erst auf halbem Wege sind (worauf Sie den Schläger zum höchsten Punkt heben müssen), so ist Ihr Schwung nicht mehr synchron. Denn im Idealfall beenden Arme und Oberkörper den Rückschwung in etwa gleichzeitig, was zu einer besseren Abstimmung im Treffmoment führt.

Ein weiterer Vorteil der Video-Technik ist die Möglichkeit, Ihre besten Schwünge auf einer Kassette zu archivieren. Tourspieler tun dies, um bei späterer Betrachtung Ihr Selbstvertrauen zu stärken und um bei späteren Trainingseinheiten des langen oder kurzen Spiels optische Anhaltspunkte zu haben. Ich befürworte dies, da das Archiv einen immensen Schatz an Bildern guter Schwünge und Schwunggedanken darstellen kann.

Nehmen Sie jeweils einige Schwünge mit verschiedenen Schlägern auf und sprechen Sie einen Kommentar dazu, der Ihnen später Ihre Schlüsselgedanken in Erinnerung rufen wird. Auf diese Bilder und Gedanken können Sie zurückgreifen, wenn Sie später – was jedem Golfer dann und wann widerfährt – einmal das Gefühl für Ihren Schwung verlieren. Sie werden Ihnen später bei der Arbeit an bestimmten Schwung-Bereichen den richtigen Weg finden helfen – nicht nur bei langen Schlägen, sondern auch bei Chips, Putts und Bunkerschlägen.

Die Video-Technik ist zweifellos die derzeit effizienteste Trainingsform – aber sie ist nicht jedermanns Sache. Solange Sie den Ball weitgehend im Rahmen des Erhofften treffen, könnte sich die detaillierte Schwunganalyse auch negativ auswirken. Ich erzähle meinen Spielern oft, daß der Akku der Kamera leer sei, wenn ich – insbesondere auf Turnieren – möchte, daß sie endlich aufhören, sich mit ihrer Schwung-Technik zu beschäftigen. Solange ein Spieler den Ball gut trifft, kann allzu viel Technisches auch ungesund sein!

Den perfekten Schwung gibt es nicht! Setzen Sie Ihre Erwartungshaltung daher nicht zu hoch an, und verfolgen Sie nicht kompromißlos ein unrealistisches Ziel. Ihre Aufgabe besteht darin, das Bestmögliche aus sich herauszuholen. Wie sagt man doch in Amerika? *„If it ain't broke, don't fix it!"* (*„Wenn es nicht kaputt ist, braucht man es nicht zu reparieren."*)

▷ *Weltklassespieler wie Nick Faldo nützen Video, um an ihrer Technik zu feilen und regelmäßig die Schlüssel-Positionen des Schwungs zu überprüfen.*

DIE „KUMPELMETHODE“: *Beide profitieren!*

Die meisten Fehler, die ich beobachte, haben ihren Ursprung in der Ansprechposition. So wandert beispielsweise die Ballposition nach und nach um zwei bis drei Zentimeter nach vorne, was die Ausrichtung der Schultern beeinflußt. Von Ihnen mehr oder minder unbemerkt, verläuft Ihr Schwung plötzlich aus der Richtung – Sie müssen sich quälen, um den Ball zum Ziel zu schlagen.

Solche Fehler sind für einen selbst nur schwer erkennbar. Weitaus offensichtlicher sind sie da schon für jemanden, der Sie gut kennt. In diesem Fall macht sich die „Kumpelmethode“ bezahlt. Regelmäßiges Training mit einem etwa gleich-spielstarken Freund macht nicht nur Spaß, sondern hilft auch, die Schlüsselpositionen des Schwungs gut im Auge zu behalten.

Es gilt, eine Art Routine für die Überprüfung der wesentlichen Schwung-Bereiche (Griff, Ausrichtung, Körper- und Ballposition etc.) zu entwickeln. Ein Freund kann Ihnen sagen, ob Sie richtig vom Ball wegdrehen, ob sich Ihr Schläger im Abschwung in einer guten Ebene befindet und ob Ihr Schwungrhythmus harmonisch wirkt.

Δ Er ist im Loch! Ein kleines Putt-Turnier ist das beste Training dieses spielentscheidenden Bereichs. Mit kleinen Wetten gegen Ihren Freund verbessern Sie dabei auch Ihre mentale Stärke.

△ *Ein Freund kann bei der Überprüfung der Schlüssel-Positionen des Schwungs helfen. Den gleichen Gefallen können Sie ihm dann auch erweisen.*

Stellen Sie ihm konkrete, spezifische Fragen und weihen Sie ihn ein, woran Sie gerade arbeiten. Schwingt der Schläger flach entlang des Bodens? Ist die Schlagfläche am höchsten Punkt des Rückschwungs square ausgerichtet? Zwei zusätzliche Augen können helfen, Ihren Schwung zu stabilisieren. (Es versteht sich von selbst, daß Sie diesen Gefallen in der Folge auch zurückgeben!) Doch damit nicht genug: Ein guter Freund kann auch in bezug auf Motivation sehr hilfreich sein. Ein Lob verfehlt wohl bei niemandem seine Auswirkung auf das Selbstvertrauen!

Ein Trainingspartner fördert auch den Wettkampfgeist. Nennen Sie ein Ziel und spielen Sie es – einer nach dem anderen mit jeweils sechs Bällen – an. Setzen Sie für jeden Schlag eine neue Ausgangslage fest. Finden Sie heraus, wer den Ball mit Fade oder Draw schlagen kann. Versuchen Sie, zwischen zwei Bäume hindurch zu schlagen. Testen Sie erst Ihre flachen, dann Ihre hohen Schläge. Wechseln Sie sich bei der Festlegung der Spielsituationen ab.

Auch im kurzen Spiel bietet sich gemeinsam eine gute Gelegenheit, Ihre mentale Stärke zu optimieren. Veranstalten Sie aus der kritischen Putt-Distanz (ein- bis eineinhalb Meter) einen Putt-Wettbewerb. Testen Sie, wer aus dem Bunker oder vom Grünrand öfter mit zwei Schlägen einlochen kann. Sie werden staunen, wie sehr der auf dem Spiel stehende Drink Ihren Siegeswillen – und somit Trainingseifer – steigert. Je öfter Sie solche Trainings-Wettkämpfe bestreiten, um so besser werden Sie für die wahren Streß-Situationen auf dem Platz gewappnet sein.

SPURENSUCHE: *Ballflug, Schlag und Divot*

Meine Arbeit als Golflehrer besteht immer darin, das Potential meines Schülers zu optimieren – unabhängig davon, ob ich mit einem Weltklasse-Profi oder einem Wochenend-Spieler trainiere. Dabei gilt es, dem Spieler seinen Schwung und seine Schwung-Veranlagung (die im Normalfalle ein Golfer-Leben lang die gleiche sein wird) verstehen zu lernen. Hat der Spieler erst einmal die Schwung-Mechanismen verstanden, ist er in der Lage, effizient daran zu arbeiten und den Ball weitgehend beständig zu schlagen.

Bei der Addition der Zahlen auf der Scorekarte zeigt sich, wie gut der Ball getroffen und seine Flugkurve kontrolliert wird. Ich kann tagelang über Schwungtechniken referieren – entscheidend ist und bleibt, wie sich der Ball in der Luft verhält und inwieweit Sie einen Schlag wiederholen können. Es mag Schwünge geben, die optisch weniger ansprechend wirken als andere. Doch was macht das schon, solange die Schlagfläche zumeist im gleichen Stellungswinkel auf den Ball trifft?

Die Flugkurve Ihrer Schläge ist ein weiterer Spiel-Faktor, den Sie verstehen – und beachten – müssen. Es gibt Golfer, die die Flugkurve gar als wichtigstes Analyse-Instrument erachten, ich aber gehe etwas vorsichtiger und weniger voreilig zur Sache. Man sieht schließlich nicht immer das, was man bekommt.

Ich habe beispielsweise schon mit guten Spielern zusammen gearbeitet, die glaubten, von „außen" zu schwingen, weil sie den Ball beständig nach links schlugen. Tatsache war, daß sie stark von „innen" schwangen, die Hände entsprechend stark einsetzen mußten und daher mit geschlossener Schlagfläche an den Ball kamen. Aus dem Gefühl heraus, von „außen nach innen" zu schwingen, arbeiteten sie gar noch daran, mehr von „innen nach außen" zu schlagen. Worauf sie immer stärker dagegen anzukämpfen hatten, den Ball nicht nach links zu verziehen.

Schon dieses Beispiel verdeutlicht, wie wichtig es ist, die Flugkurve richtig zu interpretieren. Nützen Sie die Video-Kamera, um Ihre Schwung-Analyse zu überprüfen. Sie allein kann Ihnen detailliert vor Augen führen, was während Ihrer Schwungbewegung vor sich geht. In jedem Falle aber ist die Art, wie Ihr Ball fliegt, ein wertvoller Hinweis darauf, was im Treffmoment geschieht. Es lohnt sich daher, sich mit den elementaren Ballflug-Gesetzen auseinanderzusetzen.

Nachfolgend einige Hinweise, an die Sie sich halten sollten:

- Die beiden verbreitetsten Fehler, **Slice** und **Pull**, gehören zur gleichen Fehler-Familie. In beiden Fällen zeigt das Divot nach links des Ziels – Indiz dafür, daß sich der Schlägerkopf dem Ball von außerhalb der Ziellinie auf einer zu steilen Schwungebene nähert. (Man spricht hier auch von „außen nach innen"). Ist die Schlagfläche im Treffmoment geöffnet, folgt ein Slice; ist sie im Treffmoment square oder geschlossen, wird der Ball nach links gepullt. Weiteres häufiges Ergebnis dieses Fehlers: Der Ball wird mit der Spitze des Schlägerkopfes getroffen.

- Eng verwandt sind auch der **Hook** und der **Push**. Beide sind das Ergebnis eines zu stumpfen Eintreffwinkels und eines Schwungs, bei dem der Schläger zu sehr von innen zum Ball schwingt (man spricht dabei von „innen nach außen"). Steht die Schlagfläche im Treffmoment square oder leicht geöffnet, wird der Ball nach rechts des Ziels gepusht oder geblockt; ist oder wird die Schlagfläche im Treffmoment geschlossen, folgt ein Hook (in schlimmen Fällen gar ein Quickhook). Sowohl beim Hook als auch beim Push zeigt das Divot rechts des Ziels. Der Ball wird oft an der Schlagflächen-Ferse getroffen.

- Wenn Sie Ihre Abschläge mit dem Driver oder Holz 3 oft unterschlagen (was man an den Kratzern am Schläger erkennt!) und auf keine Weiten kommen, so ist Ihr Winkel im Abschwung zu steil. Sie müssen an einer flacheren Schwungebene arbeiten. Denken Sie daran, daß der Ball mit Hölzern fast schon im Durchschwung getroffen werden soll, um ihn vom Tee zu „fegen".

- Auch „fett" oder „dünn" getroffene Schläge sind das Ergebnis eines ähnlichen Schwungfehlers. Zumeist versucht der Spieler, den Ball in die Luft zu „löffeln". Ohne korrekte Gewichtsverlagerung (meist fällt der Spieler im Abschwung sogar nach rechts!) fällt es schwer, den Schläger freizugeben, weil der rechte Arm keinen Platz hat. Dadurch erreicht der Schwungbogen einige Zentimeter zu früh seinen tiefsten Punkt, die Hände müssen kompensierend eingreifen. Der Ball wird zu dünn („getoppt") oder zu fett („im Boden geschlagen") getroffen.

Im Kapitel 3 gehe ich auf einfache Korrektur-Möglichkeiten dieser weitverbreiteten Fehler ein.

3 Das lange Spiel

Die Aufgabe eines Golflehrers besteht insbesondere darin, dem Schüler den richtigen Weg zu zeigen. Danach ist jeder Golfer auf sich allein gestellt. In meinen Augen ist es wichtig, dem Spieler ein fundiertes Grundwissen zu vermitteln (wie im vorigen Kapitel geschehen) und ihn zu motivieren, immer wieder an seinem Spiel zu arbeiten. In der Golflehrer-Praxis bedeutet dies auch, dem Schüler Übungen zur Hand zu geben, mit denen er sich auf die Schwachpunkte seines Schwungs konzentrieren und gewisse Bewegungsabläufe so lange wiederholen kann, bis sie ihm in Fleisch und Blut übergegangen sind.

Die meisten meiner Schüler sind überrascht, wenn ich sie auffordere, daheim auch ohne Ball zu trainieren. Noch immer leben viele Golfer mit dem Irrglauben, konstruktives Training setze das Schlagen tausender Bälle voraus. Das Gegenteil ist der Fall! Ich bin überzeugt, daß ein Großteil der Golfer bessere Spieler wären, wenn sie sich wöchentlich auch einige Minuten Zeit für einige ausgesuchte „Trocken"-Übungen nähmen. Es ist weitaus einfacher, sich auf technische Details und Zusammenhänge zu konzentrieren, wiederholbare Mechanismen zu entwickeln und das sogenannte Muskelgedächtnis aufzubauen, wenn kein Ball vor einem liegt!

Heim-Training ist insbesondere dann ein wertvoller Beitrag zur Technik-Verbesserung, wenn die Freizeit zu knapp bemessen oder das Wetter zu schlecht ist, um nach draußen zu gehen. Der Winter ist ein zu langer Zeitraum, um den Schwung sich selbst zu überlassen. Wenn Sie aber Ihre Hausaufgaben machen, konservieren Sie Ihr Schwunggefühl und sind schnell wieder in Form, wenn es das nächstemal auf den Platz geht.

Besorgen Sie sich ein Eisen mit einem gekürzten Schaft, wenn der Platz zu Hause knapp bemessen ist. Ein Eisen 7 mit einem nur 70 Zentimeter „langen" Schaft kann in jeder Schlägerwerkstatt rasch hergestellt werden. Wenn Sie nun noch einen Spiegel haben, sind die Trainings-Voraussetzungen geradezu perfekt.

„Der Tag hat zu wenige Stunden, um alle Schläge zu trainieren, die man im Golf braucht" hat Ben Hogan einmal gesagt. Damit hatte er wahrscheinlich recht. Klare Gedanken und Entschlossenheit reichen aus, um Ihre Spielweise positiv zu verändern – Sie müssen es nur wirklich wollen. Gute, positive Gedanken sind nicht nur auf dem Golfplatz, dort beispielsweise beim Festlegen der Spielstrategie, wichtig. Sie helfen auch, Sie mental auf den Schlag unter Druck vorzubereiten. Die Art und Weise, wie Sie Ihr Trainingsprogramm gestalten, hat also entscheidenden Einfluß auf Ihr gesamtes Golfspiel. – Geben Sie mir Gelegenheit, zu erklären, was ich damit meine.

Ich empfehle, im Training jeweils fünf bis sechs Schläge in Folge zu schlagen – ganz so, als ob Sie eine Turnübung mehrere Male wiederholten. Zu Beginn der Trainingseinheit schlagen Sie die ersten Bälle in der sogenannten Trainings-Mentalität. D. h., Sie konzentrieren sich ganz auf das, was Sie an Ihrer Schwungtechnik verbessern oder verändern möchten. Sie denken ausschließlich an den mechanischen Aspekt des Schlages. Schlagen Sie beispielsweise die ersten fünf oder sechs Bälle mit einem Rückschwung-, die nächste Fünfer/Sechser-Serie mit einem Abschwunggedanken. Konzentrieren Sie sich ausschließlich auf das Ziel Ihrer Übung – kümmern Sie sich (noch nicht) um das Ergebnis der Schläge.

Die dritte Ballserie indes schlagen Sie in der sogenannten Vertrauens-Mentalität. Will heißen, Sie kümmern sich nun nicht mehr um die detaillierten technischen Abläufe, sondern konzentrieren sich auf das Ziel und den Schlag, den Sie auszuführen gedenken. Im Vordergrund aller Gefühle stehen nun Rhythmus und Tempo, damit Ihre Schwungbewegung in einem Schlag endet, der den Ball zum Ziel gelangen läßt. Die schwungtechnischen Aspekte behalten Sie zwar im Hinterkopf, dem Schlag an sich lassen Sie nun aber seinen freien Lauf. Ganz getreu dem altüberlieferten „Vertrau' und schlag'"-Golfer-Motto.

Sie können die Trainings- und Vertrauens-Sequenzen beliebig oft wiederholen – aber auch etwas mischen. Ich rate meinen Schülern gerne, zunächst fünf bis sechs Bälle in der Trainings-Mentalität zu schlagen. Dabei soll ein spezieller Schwunggedanke verinnerlicht werden, ehe fünf bis sechs Schläge in der Vertrauens-Mentalität folgen, bei denen sich der Schüler ausschließlich auf das Ziel des Schlages konzentriert. Diese Trainingsmethode wird Ihnen später beim Spiel auf dem Platz sehr weiterhelfen.

Diese Form des Lernens führt Ihnen den Zusammenhang zwischen *Erlernen* und *Wiederholen* vor Augen. Denn das wichtigste Ergebnis einer jeden Trainingseinheit ist, danach in der Lage zu sein, das Erlernte auf dem Platz zu wiederholen. Dies ist aber nur möglich, wenn sie zuvor Vertrauen zu dem Erlernten und Trainierten aufgebaut haben. Was Ihnen wiederum am besten gelingt, wenn Sie auch auf der Driving-Range einige Bälle schlagen, ohne dabei an die – zuvor verinnerlichten – technischen Details zu denken.

Hier liegt das Geheimnis. Fragen Sie mal einen Tourspieler, der gerade in Topform ist, nach seinen Gedanken. Er wird Ihnen antworten, daß alles ganz einfach, automatisch abläuft. Seine Gedanken kreisen nicht um technische Mechanismen. Er stellt sich den Schlag gedanklich vor und führt ihn anschließend entsprechend dieser Vorlage aus.

Bevor wir uns nun Übungen im Detail ansehen, möchte ich Sie noch warnen: Glauben Sie bitte nicht, daß es von der Quantität Ihrer Trainingsarbeit abhängt, wie weit Sie sich verbessern. Golf ist keine Wissenschaft, sondern ein Sport! Zu langes Training läßt Sie Ihr Ziel aus den Augen verlieren. Die menschliche Konzentrationsfähigkeit unterliegt einer natürlichen, individuell unterschiedlichen Schmerzgrenze – diese zu überschreiten führt zu nichts.

Die Kunst beim Erlernen des Golfspiels besteht darin, die eigenen Schwächen und Neigungen zu erkennen, um dann die Trainingszeit wirklich sinnvoll nützen zu können. Erfolg hat der, der seine Schwächen trainiert, nicht der, der an seinen Stärken arbeitet!

DAS TRAINING AUF DER DRIVING-RANGE

DIE PERFEKTE KÖRPERHALTUNG:
Setzen und halten Sie die Winkel

Nachfolgende Übung hilft, Gefühl für eine gute Körperhaltung zu entwickeln. Sie bewirkt eine gerade Haltung im unteren Rückenbereich, während das angehobene Kinn dem Körper ermöglicht, um die Wirbelsäule zu drehen.

Greifen Sie den Griff eines Schlägers mit der rechten und seinen Schlägerkopf mit der linken Hand. Halten Sie den Schläger hinter dem Rücken, wobei Sie ihn gegen das Rückgrat drücken (siehe Bild). Aus der Hüfte heraus beugen Sie sich nun etwas nach vorne, gleichzeitig beugen Sie Ihre Knie etwas, ohne dabei Ihre Standfestigkeit zu verlieren. Ihr unterer Rückenbereich sollte sich gerade, wenn nicht gar etwas nach Hohlkreuz, anfühlen, aber Ihre Schultern bleiben entspannt. Ihr Kopf berührt den Schlägerschaft nicht. Mit entspannter Nackenmuskulatur beugen Sie den Kopf nun etwas nach vorne. Die dynamische Haltung, die Ihnen eine gute, wiederholbare Schwungbewegung erlaubt, ist nun vollendet.

Hinweisen möchte ich noch darauf, daß der Oberkörper ein wenig vom Ziel weggeneigt ist, die rechte Körperseite also etwas niedriger als die linke liegt. Dies nennen wir eine passive Haltung. Von hinten gesehen sollte der Oberkörper nicht zu gerade wirken und auf keinen Fall dem Ziel zugeneigt sein. Ein leichtes Anheben der linken Schulter – und somit auch der linken Hüfte – erlaubt Ihnen, korrekt hinter dem Ball zu stehen.

BEGINNEN SIE *den Schwung „synchron“*

Bei einem guten Rückschwung bewegt sich der Schlägerkopf innerhalb der Ball-Ziel-Linie flach entlang des Bodens vom Ball weg. Um dies zu erreichen, müssen Arme, Schultern und Schlägerkopf synchron agieren, um eine gemeinsame, fegende Bewegung auszuüben.

Um diesen ersten Bewegungsbereich eines Schwungs zu trainieren, plazieren Sie einen zweiten Ball etwa 30 Zentimeter hinter dem zu schlagenden Ball (und etwa eine Ballbreite innerhalb der Ball-Ziel-Linie). Versuchen Sie nun, den Ball in der Rückschwung-Bewegung wegzustoßen. Setzen Sie dann Ihren Rückschwung fort und drehen Sie sich in der Folge durch den Schlag.

Diese Übung birgt mehrere Vorteile. Dadurch, daß Sie sich auf den zweiten Ball konzentrieren, verhindern Sie, (1) den Schläger nach oben zu heben, (2) ihn nach innen zurückzunehmen und (3) ihn außerhalb der Ball-Ziel-Linie zurückzuschwingen. Zudem fördert sie ein synchrones, einheitliches Zusammenwirken von Armen und Körper und fördert Ihr Gefühl für Schwung-Radius und -Rhythmus. Diese zwei Schwung-Faktoren sollten Sie über den weiteren Verlauf des Rückschwungs beständig erhalten.

Callaway
GOLF

DAS „PUMPEN“: *Der Weg in eine bessere Rückschwung-Position*

Die Bedeutung eines korrekten Schwungbeginns, bei dem die Handgelenke richtig eingesetzt werden, kann nicht genug betont werden. Wenn Sie die hier abgebildete Position auf halbem Rückschwung-Weg vorweisen, der linke Arm dabei parallel zum Boden liegt, die Handgelenke nach oben abgewinkelt sind und der Schläger auf der richtigen Ebene schwingt, haben Sie alle Voraussetzungen für einen soliden Rückschwung geschaffen. Nun müssen Sie die Schultern um mindestens 90 Grad drehen, um auch am Ende des Rückschwungs eine solide Position einzunehmen. Sie sollten sich bei Ihrem Training hauptsächlich auf Ihre Ansprechposition und dieses erste Viertel des Schwungs konzentrieren.

Nehmen Sie ein Eisen 7 und greifen Sie es etwas kürzer (so, daß Sie dessen hinteres Ende noch deutlich sehen können). Konzentrieren Sie sich auf Ihre Position auf halbem Rückschwung-Weg. Wenn Ihre Hände die Hüfthöhe erreichen, sollte Ihr linker Arm, eng an der Brust anliegend, mit völlig abgewinkelten Handgelenken parallel zum Boden sein. Achten Sie darauf, daß Ihre Hände genau gegenüber des Brustbeins sind und daß, frontal betrachtet, der rechte Oberarm gerade noch oberhalb des linken sichtbar ist. Der Schläger-Schaft zeigt derweil auf einen Punkt innerhalb der Ball-Ziel-Linie.

Fahren wir fort … Aus dieser Position „pumpen“ Sie den Schlag etwas nach oben und unten. Dadurch wird für Sie spürbar, wie (und ob) der Oberkörper die Bewegung kontrolliert. Es geht nicht darum, den Schläger mit den Armen auf und ab zu heben, sondern ihn, in Vorbereitung eines vollen Rückschwungs, durch ein Zusammenwirken von Brust und Schulter ein Stückchen zu bewegen.

Gehen Sie dabei wie folgt vor: „Pumpen“ Sie, während Sie dazu „einmal, zweimal, und los“ zu sich sagen. Danach schwingen Sie den Schläger weiter bis zum höchsten Punkt des Rückschwungs, ehe Sie in die Endhaltung drehen. Das Zählen verhilft Ihnen dabei zu einer besseren Kontrolle und einem besseren Rhythmus, ehe Sie die Körperdrehung in eine perfekte Endhaltung bringt. Wiederholen Sie die Übung einige Male „trocken“, ehe Sie einige Bälle schlagen.

DIE SCHWUNGEBENE:
Überprüfen Sie Ihre Position am höchsten Punkt des Rückschwungs

Wenn ich Spieler beobachte, schaue ich mir vor allem ihre Schlüssel-Positionen an, wobei der höchste Punkt im Rückschwung die wichtigste darstellt. Ohne hier zu sehr auf technische Details einzugehen – bei einem guten Rückschwung sind die Arme am höchsten Punkt auf einer etwas steileren Schwungebene als die der Schulterdrehung. Von der Seite her betrachtet habe ich es gerne, wenn der linke Arm zwischen dem Kopf und der rechten Schulter plaziert ist, während der Schlägerschaft parallel zur Ziellinie verläuft.

Mit nachfolgender Übung können Sie Ihre Schwungebene rasch überprüfen: Nehmen Sie einen Schläger, schwingen Sie zum höchsten Punkt, lockern Sie dort Ihren Griff und lassen Sie den Schläger los. Der Schaft sollte dabei in etwa auf Ihre rechte Schulter fallen. Dies ist ein Zeichen dafür, daß Ihre Schwungebene korrekt verläuft – für mich ein wesentliches Element für Beständigkeit.

Sollte der Schlägerschaft indes auf Ihren Kopf fallen, dann ist Ihr Schwung zu steil; fällt er hinter dem Körper zu Boden, ist er zu flach. In beiden Fällen verlaufen Ihr Armschwung und Ihre Körperdrehung nicht synchron – einige Anpassungen sind notwendig. Arbeiten Sie vor einem großen Spiegel daran, diese Komponenten zu vereinen, bis Sie regelmäßig die korrekte Schwungebene finden. Fortan werden Sie den Ball viel beständiger treffen.

DAS RECHTE KNIE ALS STÜTZE:
Drehen Sie und fühlen Sie den Widerstand

Müßte ich einen alles entscheidenden Ratschlag geben, so wäre es ein Hinweis auf das abgewinkelte rechte Knie. Nur so kann man dagegen drehen, wodurch im Rückschwung Spannung aufgebaut wird. Streckt man das rechte Bein, bewirkt dies einen Verlust des Widerstands in der rechten Körperhälfte, gegen die die großen Muskelgruppen schwingen. Ein Fehler, den ich täglich sehe. Ein abgewinkeltes rechtes Knie dient als Stütze und vereitelt jede Art von Kippbewegung oder übermäßiges Drehen des Kopfes. Der Spieler spürt eine starke Anspannung in seiner rechten Körperhälfte.

Während des Schwungs hat das Ganze etwas mit dem „Widerstand und Hebel"-Prinzip zu tun. Einfach ausgedrückt, bildet der Unterkörper Widerstand zur Drehung des Oberkörpers. Erreicht wird dies durch das angewinkelte rechte Knie.

Nehmen Sie ein Eisen 7, plazieren Sie den Ball in der Mitte Ihres Standes und ziehen Sie Ihren linken Fuß zurück, bis sich die Fußspitze auf Höhe der rechten Ferse befindet. Machen Sie nun einen Rückschwung, wobei Ihre Gedanken darauf fixiert sein sollten, auf dem rechten Knie „zu sitzen". Fühlen Sie den Widerstand im rechten Knie und die der Dehnung Ihrer großen Muskelgruppen im Rücken. (Wenn Sie den linken Absatz etwas anheben, verstärkt sich dieses Gefühl noch.)

Nach ein bis zwei derartigen Probeschwüngen beziehen Sie wieder Ihren normalen Stand und schlagen Bälle. Versuchen Sie dabei, das gleiche Gefühl im rechten Knie zu spüren. Regelmäßiges Wiederholen dieser Übung stärkt Ihr Gefühl für Widerstand und Gleichgewicht des Unterkörpers. Es ermöglicht den großen Muskeln des Rückens, sich zu dehnen, wodurch sich Ihre Schlagkraft verstärkt.

DER GESCHLOSSENE STAND: *Mehr Drehung durch den Ball*

Die hier vorgestellte Übung wird Ihnen die Bedeutung des Körpers für den Schwungvorgang noch besser verdeutlichen. Außerdem hilft sie Ihnen auf der Suche nach dem Timing im Treffmoment, während dem Ihre rechte Körperhälfte gegen das, was ich „eine feste linke Körperseite" nenne, schwingt. Selbst Greg Norman, eigentlich kein Fan von Trainings-Übungen, führt diese Lektion immer wieder aus, weil sie ihm verinnerlicht, seine rechte Körperhälfte durch den Ball zu drehen, statt mit den Beinen zu schieben.

Die Übung funktioniert wie folgt: Sie nehmen ein mittleres Eisen und plazieren den Ball in der Mitte Ihres Standes. Etwas näher zum Ball als gewohnt stehend, ziehen Sie Ihren rechten Fuß zurück, bis die rechte Fußspitze auf Höhe der linke Ferse ist. Ihr Stand ist jetzt zwar sehr geschlossen, Ihre Hüften und Schultern aber weiterhin parallel zur Ziellinie ausgerichtet.

Da ein geschlossener Stand die Drehung weg vom Ziel erleichtert, sollte der volle Rückschwung nun kein Problem darstellen. Die Vorteile der Übung bekommen Sie allerdings erst im Abschwung zu spüren … Erstens vermittelt Ihnen der Schwung bei geschlossenem Stand das Gefühl, gegen eine „feste linke Körperseite" zu schlagen. Während also die linke Körperhälfte Widerstand leistet, tritt die rechte in Aktion und schlägt gegen den Ball. Der Schlägerkopf gelangt

in eine bessere Schwungebene, während der Oberkörper zurückdreht. Als Ergebnis steht die Schlagfläche im Treffmoment square, was zu einer besseren Flugkurve führt.

Am höchsten Punkt des Rückschwungs hat sich der Körper ganz vom Ziel weggedreht. Hier sollten Sie spüren, daß die laterale Bewegung Ihrer linken Körperhälfte gleichzeitig mit der Abwärtsbewegung Ihrer Arme einsetzt. Gleichzeitig verharren Ihr rechter Fuß, Knie und Hüfte für den Bruchteil einer Sekunde ruhig. Erst nach dieser Übergangsphase bekommt Ihre rechte Körperseite „grünes Licht", sich frei durch den Treffmoment hindurch zu drehen. Die Brust dreht sich derweil zur anderen Seite.

Die Übung mit dem geschlossenen Stand stabilisiert den Unterkörper und fördert gleichzeitig das synchrone Zurückdrehen. Geht die linke Körperseite zu schnell aus dem Weg („Schieben" genannt), wird die rechte Körperseite oft „hinterher hängen" und dadurch nicht die volle Kraft entfalten können.

Erinnern Sie sich: Um die großen Muskelgruppen effizient durch den Ball führen, also rechte Hüfte, Schulter und Brust kraftvoll zum Ziel beschleunigen zu können, muß die linke Seite Widerstand leisten. – Ich empfehle diese Übung besonders Spielern, die zum Hook neigen, bei dem der Schläger von innen nach außen schwingt und das Divot nach rechts zeigt. Die Übung bewirkt, daß der Schläger von innen nach innen schwingt, während Ihre Hände – eng am linken Bein vorbei – durch den Treffmoment schwingen.

ERST VOR, DANN ZURÜCK:
Der bessere Treffmoment

Golf ist keine der Sportarten, bei denen die Bewegungen Reaktionen darstellen. Da im Golf der Ball ruht, kommen Schwungrhythmus und -tempo eine besondere Bedeutung zu. Um diese zu trainieren, halten Sie den Schläger etwa einen halben Meter vor den Ball und beginnen von dort den Rückschwung. Lassen Sie den Schläger zurückschwingen, drehen Sie zum höchsten Punkt des Rückschwungs und schlagen Sie dann den Ball.

Ein gutes Tempo ist die bei allen guten Spielern allgemein gültige Währungseinheit. Der „laufende Start" hilft Ihnen, ein wiederholbares Tempo zu entwickeln. Schlagen Sie so einige Bälle. Fegen Sie den Schläger über den Ball zurück, bauen Sie während des Rückschwungs die notwendige Spannung auf und geben Sie diese dann im Abschwung frei.

Zum Thema Rhythmus und Gleichgewicht fällt mir noch eine weitere Übung ein – eine, auf die viele Tour-Spieler schwören. Dabei geht es darum, Bälle aus dem Fairway-Bunker zu schlagen, ohne die Füße in den Sand zu drehen. Versuchen Sie mit einem mittleren Eisen, den Oberkörper trotz einer passiven Beinarbeit zu drehen. Wenn Sie den Ball dabei sauber treffen möchten, müssen Sie sehr präzise zu Werke gehen, denn jede noch so minimale Bewegung des Unterkörpers würde einen Fehlschlag nach sich ziehen. Sam Snead zog oft die Schuhe aus und schlug Bälle barfuß, womit er die gleiche Übungs-Voraussetzungen schuf. Offensichtlich erfolgreich, denn niemand hatte einen besseren Schwung, noch traf jemand den Ball sauberer als er.

GEBEN SIE DIE RECHTE SEITE FREI
– und „fegen“ Sie den Ball zum Ziel

Es ist für alle Golfer eine exzellente Übung, einige kurzen Eisenschläge nur mit dem rechten Arm auszuführen. Die Vorteile sind vielfältig: **1.** Sie erlangen ein gutes Gefühl dafür, die rechte Seite im Rückschwung aus dem Weg zu drehen, **2.** Sie lernen, sich auf die Position des rechten Arms am höchsten Punkt des Rückschwung zu konzentrieren und **3.** Sie bekommen ein gutes Gefühl dafür, den gestreckten rechten Arm beim Schwung zum Ziel „frei“ zu geben, wodurch der Schläger – auf der richtigen Schwungebene und mit dem richtigen Eintreffwinkel – auf den Ball trifft. Eine gute Übung insbesondere für alle „Slicer“.

Nehmen Sie ein Eisen 9, teen Sie einige Bälle auf und versuchen Sie, einen Ball nach dem anderen nur mit dem rechten Arm zu schlagen. Konzentrieren Sie sich im Rückschwung darauf, am höchsten Punkt in eine gute Position zu gelangen, während Ihr rechter Arm, sein Ellbogen in klassischer L-Form, den Schläger trägt. (Beim erstenmal sollten Sie bei dieser Übung den rechten Arm durch Ihre linke Hand etwas unterstützen.) Denken Sie beim Zurückdrehen an eine Vorhand, dadurch kommt der Schläger in einer etwas flacheren Schwungebene zum Ball, während sich der rechte Arm durch den Treffmoment hindurch streckt und Ihr Schwung in einem ausbalancierten Finish endet.

Mit zunehmendem Vertrauen werden Sie schneller schwingen. Gleichzeitig werden Sie feststellen, daß Sie die rechte Hand und Unterarm aggressiv einsetzen können. Je besser Ihnen dies gelingt, desto größer gerät der Radius im Abschwung und desto besser treffen Sie den Ball.

Es handelt sich bei dieser Übung um eine gute Methode, den Richtungswechsel zu trainieren. Es gilt nicht, nach dem Ball zu schlagen, sondern Arm und Körper synchron zurückzudrehen, um dann von oben herab zu schwingen. Nick Price beherrscht diese Übung zur Perfektion, schlägt so gar einen Draw. Er mag diese Übung, weil sie ihm als Linkshänder den Einfluß der rechten Körperseite auf den Schwung vor Augen führt.

DAS GEFÜHL IM TREFFMOMENT: *Erst trainieren, dann einsetzen*

Es folgen zwei Übungen für ein gutes Gefühl im Treffmoment. Die eine kann auf der Driving-Range trainiert werden, die andere, auf die ich erst später eingehen werde, zuhause.

Nehmen Sie sich auf der Driving-Range einen Moment Zeit … Überlegen Sie, was Sie im Treffmoment genau erreichen möchten. Machen Sie den einen oder anderen Schwung in Zeitlupentempo und halten Sie den Schlägerkopf am Ball an, um eine gute Treffmoment-Position nachzustellen. Ihr Gewicht lastet nun auf der linken Körperseite, das rechte Knie ist zum Ball gewinkelt, die Hüften sind leicht zum Ziel gedreht, der linke Arm ist gerade und die Hände vor dem Schlägerkopf plaziert (siehe oben links).

Bei dieser Übung geht es darum, die simulierte Treffmoment-Haltung als Ausgangsposition zu benutzen. Schlagen Sie einige Bälle, schwingen Sie dabei den Schläger wie gewohnt zurück und festigen Sie dabei Ihr Gefühl für den Treffmoment (siehe rechts oben und Einklinker).
Ich bin sicher, daß Ihnen diese Übung zeigt, wie sich eine gute Treffmoment-Position anzufühlen hat. Wodurch wiederum Ihre Chancen, diese häufig zu wiederholen, steigen.

LICHT UND SCHATTEN: *Drehen Sie den Körper hinter den Ball*

Hier ein Trick, wie Sie Ihre Körper-Drehung überprüfen können. Wie auf den Bildern ersichtlich, nützen Sie den Schatten, um Ihre Position am höchsten Punkt des Rückschwungs zu überprüfen. Haben Sie sich voll hinter den Ball gedreht? Stellen Sie sich im rechten Winkel zur Lichteinstrahlung und plazieren Sie den Ball in die Mitte des Schattenbildes auf Brusthöhe. Er dient als Fixpunkt, während Sie Ihren Schwung ausführen. Es geht darum, den Oberkörper bis zum höchsten Punkt des Rückschwungs ganz hinter diesen Ball zu drehen.

Solange Sie im Rückschwung nicht ganz hinter den Ball drehen und das Gewicht nicht hinter den Ball verlagern, können Sie im Abschwung niemals wirklich durch den Ball drehen. Vor dem „Zuschlagen" steht das „Aufladen" – diese Übung hilft Ihnen, Ihren Körper zunächst wirklich hinter den Ball zu bringen.

Unterstützen Sie die Drehung des Oberkörpers durch eine stabile Bein-Arbeit und dehnen Sie Ihre großen Muskelpartien. Am Ende des Rückschwungs angelangt, werfen Sie einen Blick auf Ihren Schatten und überprüfen, ob Sie voll „aufgedreht" und Ihr Gewicht nach rechts verlagert haben. Kümmern Sie sich nicht darum, ob sich Ihr Kopf dabei ein wenig mitbewegt hat. Solange er über dem rechten Oberschenkel, das linke Knie etwas nach innen gebeugt und Ihr Schattenbild rechts des Balls ist, können Sie zufrieden sein.

Unbeweglichen Spieler ist anzuraten, Ihren Stand anzupassen, indem Sie die rechte Fußspitze etwas nach außen drehen. Dies erleichtert Ihnen, die rechte Körperhälfte im Rückschwung aus dem Weg zu drehen und Sie somit wieder zu einer voll „aufgeladenen" Position hinter dem Ball gelangen können.

HAUSAUFGABEN

FÜR MEHR KRAFT UND BEWEGLICHKEIT: *Das Training mit einem gewichtigen Schläger*

Die Vorteile des Trainings mit einem gewichtigen Schläger haben die weltbesten Spieler schon längst erkannt. Sie nützen ihn regelmäßig, um den Körper fit und den Golfschwung rund zu halten. Es gibt heute unzählige Trainingsgeräte – aber Sie werden lange suchen müssen, um eines zu finden, das Ihre Golfmuskeln besser stärkt.

Es ist heutzutage zwar nicht einfach, einen echten Holzschläger zu finden, Sie können daher auch, so wie ich dies tue, eine schwere Stange benützen. Sollten Sie im Besitz eines Holzschlägers sein, so lassen Sie etwas Blei in den Schlägerkopf ein. Ihr Golflehrer wird Ihnen dabei gerne behilflich sein, er kann Ihnen auch sagen, wieviel Gewicht Sie benötigen.

Derart ausgerüstet, kann die Arbeit beginnen. Sie sollten langsam zu Werke gehen, den Schläger zunächst langsam und schrittweise schneller schwingen. Steigern Sie sukzessive die Anzahl der Übungen.

Das zusätzliche Gewicht des Schlägers verdeutlicht Ihnen die Schlüssel-Positionen Ihres Schwungs. Regelmäßiges Training mit dem gewichtigen Schläger wird Ihnen ein gutes Schwunggefühl und eine gute Schlägerkopf-Kontrolle vermitteln. Gestärkte und gestreckte Muskeln lassen Sie besser (und mehr) drehen, belohnt werden Sie mit mehr Schwung-Geschwindigkeit und entsprechend größeren Schlag-Weiten.

FÜR DEN TREFFMOMENT ... *Drücken Sie gegen etwas Festes*

Diese Übung ähnelt dem Treffmoment-Training auf der Driving-Range (siehe Seite 80), hat aber den Vorteil, daß dabei gegen einen wirklichen Widerstand „gekämpft" wird. Der Treffmoment ist zwar nur ein flüchtiger Augenblick innerhalb des Schwungvorgangs. Es ist aber relativ einfach, diese Schwungposition zu simulieren und das dabei eintretende Zusammenwirken der verschiedenen Muskeln nachzuvollziehen.

Nehmen Sie ein mittleres Eisen und gehen Sie zu einem Türstock. Halten Sie den Schläger ganz normal, nehmen Sie Ihre Schwunghaltung ein und drücken Sie die Schlagfläche fest gegen den Türstock (siehe Bild). Achten Sie dabei darauf, daß die Schlagfläche square steht. Verharren Sie einige Sekunden in dieser konstruierten Haltung, um das Gefühl für den Treffmoment zu verinnerlichen.

Dabei sind verschiedene Details zu berücksichtigen: Der linke Handrücken muß gerade sein, während er die Schlagfläche durch den Ball zieht. Hüften und Oberkörper stehen im Verhältnis zum fiktiven Ziel etwas offen und übertragen damit den Abwärtsdruck auf Arme und Hände. Hier liegt die Quelle der Schwung-Kraft: Sie spüren einen großen Druck, während Ihr linker Arm und Ihre linke Brust zusammengepreßt werden, sich die großen Rücken-Muskeln anspannen, die Schlagfläche rechtwinklig auf den Ball trifft und der Kopf hinter dem Ball bleibt. Jeweils unterbrochen von einer kurzen Entspannungsphase sollte diese Übung zehnmal wiederholt werden.

Die wesentliche Erkenntnis dieser Übung ist die, daß Sie durch das Drücken (in Richtung Ziel) gegen den Widerstand des Türstocks die großen Muskeln Ihres Rumpfes benützen müssen, um Kräfte freizusetzen. Gleiches geschieht bei einem guten Schwung, bei dem die rotierende Bewegung des Körpers den Takt angibt. Versuchen Sie, das „Türstock-Gefühl" auch beim Spiel im Freien zu empfinden.

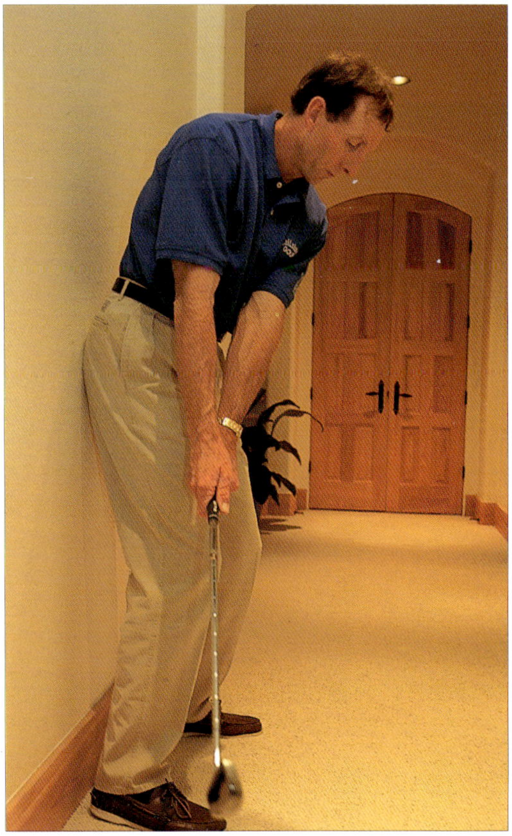

MIT DEM RÜCKEN ZUR WAND:
Schwingen Sie erst nach „innen", dann nach „oben"

Viele gute Spieler betrachten den linken Arm als den, der durch den Schwung führt. Sie überprüfen im Rückschwung die Ebene ihres linken Arms, während er den Schläger erst seitlich weg vom Ball und dann nach oben in eine kompakte Position am höchsten Punkt schwenkt.

Auch Sie können dies Trainieren! Stellen Sie sich an eine Wand und nehmen Sie Ihre Ansprechposition ein. Dabei berührt Ihr verlängertes Rückgrat die Mauer, so haben Sie genug Platz für den Rückschwung. Wenn Sie nun zurückschwingen, sollten Sie fühlen, wie Ihr linker Arm zusammen mit der Brust agiert. Ihre Hände bewegen sich dabei zur Mauer hin. Wenn Ihre Hände auf Hüfthöhe angelangt sind, schwingen Sie die Arme zur Vollendung des Rückschwung entlang der Wand nach oben.

Vergleichen Sie Ihre Position mit der hier abgebildeten. Am höchsten Punkt des Rückschwungs sollte Ihr rechter Ellbogen die Mauer leicht berühren. Ist dies der Fall, befindet sich der Schläger, zwischen Wand und Kopf, in einer perfekten Position. Vermeiden Sie, daß der Schläger beim Zurücknehmen gegen die Wand „klopft", noch sollten Sie die Hände vom Körper wegdrücken, nur um der Wand aus dem Weg zu gehen. Das Geheimnis besteht darin, die Hände und Arme zunächst etwas nach „innen", dann nach „oben" zu führen.

Die Übung lehrt Sie, Hände und Arme auf die richtige Ebene zu bringen. Wiederholen Sie die „Nach innen und oben"-Übung, bis Ihr Ellbogen am höchsten Punkt des Rückschwungs die Wand streift und der Schläger parallel zur Wand liegt. Nun wissen Sie, welchen Weg Ihre Hände zurücklegen müssen, um zum höchsten Punkt zu gelangen.

SPIEGLEIN, SPIEGLEIN …: *Der Vorteil der sofortigen Rückmeldung*

Heim-Training vor einem großen Spiegel zeigt Ihnen, ob Ihr Schwung-Gefühl mit dem übereinstimmt, was Sie tatsächlich tun. Benützen Sie den Spiegel bei allen bislang vorgestellten Übungen. Überprüfen Sie von vorne und von der Seite, ob Sie korrekt ausgerichtet sind, ob Ihre Körperwinkel stimmen und ob Ihre Körperhaltung auf eine gute Schwungbewegung vorbereitet ist.

Beim Blick zum imaginären Ziel können Sie Ihre Ausrichtung kritisch überprüfen. Während Ihr Schwung all die Positionen durchläuft, die ich im Kapitel 2 vorgestellt habe (Wegführen des Schlägers, Winkel der Handgelenke am höchsten Punkt des Rückschwungs, Einleitung des Abschwungs usw.) können Sie im Spiegel Ihre Schwungrichtung und -ebene im Auge behalten.

Ich rate auch, zum Spiegel hin zu schwingen. So sehen Sie, wie sich Ihr Körper durch den Treffmoment hindurch bewegt. Wenn sich der Schläger dem Ball nähert, sollten Sie sehen, wie Ihre linke Körperseite aus dem Weg dreht, Hüften, Brust und Schultern entsprechend offen zum Ziel stehen und Händen sowie Armen den Weg zum Ball freigeben. Suchen Sie dieses Bild im Spiegel! Fühlen Sie, wie Ihr Körper agiert, während Sie durch den Treffmoment in die Endhaltung drehen. Im Finish sollten Ihre Hände bequem hinter dem Kopf sein, die Schultern fast waagerecht sein und Ihre Knie sich fast berühren. Das Gewicht lastet nun stabil auf der linken Seite, das Gleichgewicht wird durch die rechten Zehen stabilisiert. Trainieren Sie Ihren Schwung, bis er all diese Kriterien erfüllt.

DAS HANDRÜCKEN-DRÜCKEN: *Mehr Gefühl für Strecken und Widerstand*

Sie beziehen Ihre Ansprechposition mit gut gebeugten Knien und legen dann, bei vor der Brust gekreuzten Armen, den rechten Handrücken gegen den linken (siehe Bild). Es folgt die Handrücken-Übung – eine wirksame Lektion für das Strecken und das Spüren des Widerstands.

Sie müssen den Widerstand in der linken Körperhälfte und im linken Arm spüren, während Ihre rechte Körperhälfte den Schläger in den Rückschwung zieht. Fühlen Sie den Druck, wenn Ihre rechte Schulter vom Ball wegdreht und Ihr rechte Arm den linken eng an die Brust zieht. Wenn Ihr Unterkörper dabei kompakt bleibt, werden Sie ein deutliches Gefühl für das „Aufdrehen" des Unterkörpers entwickeln und – am höchsten Punkt des Rückschwungs – einen deutlich gestreckten linken Arm wahrnehmen.

Halten Sie diese Position für einige Sekunden und *spüren* Sie dabei die gegenwirkenden Kräfte. Wenn Sie nun den Schwungrichtungs-Wechsel vornehmen, um den Abschwung einzuleiten, übt die linke Hand die Zugbewegung aus. Ihre rechte Seite indes leistet – zumindest für einen kurzen Moment – Widerstand. Ich möchte, daß Sie bewußt spüren, wie Ihre linke Körperseite zum Ziel zieht und linkes Knie, linke Hüfte und linke Schulter gleichzeitig die Führungsrolle übernehmen. Wenn Sie den Übergang richtig vollenden, werden Ihre Arme und Hände ganz natürlich in den Abschwung hineinfallen. Im weiteren Verlauf des Schwungs wird Ihr Körper zum Ziel drehen und die Arme sich durch den Treffmoment hindurch strecken. Ihre linke Körperseite zieht dabei die rechte in Richtung Ziel.

Korrekt ausgeführt, ist dies eine ebenso dynamische wie effektive Übung für das Fühlen von *Drehung* und *Widerstand*. Ich rate dazu, die Übung langsam auszuführen und einige Teilbereiche, wie das Strecken am höchsten Punkt des Rückschwungs oder der Richtungswechsel in den Abschwung hinein, mehrmals zu wiederholen. Diese Übung eignet sich übrigens auch bestens als Aufwärm-Training vor der Runde!

GETRENNTE HÄNDE … *Fühlen Sie die wichtigsten Schwungpositionen*

Bei einem guten Griff arbeiten die Hände als Einheit zusammen. Manchmal macht es aber Sinn, sie am Griff voneinander zu lösen, um ein besseres Gefühl für die Arm-Arbeit während des Schwungs zu entwickeln.

Greifen Sie ein mittleres Eisen so, daß die Hände auf dem Griff zwei bis vier Zentimeter voneinander getrennten sind. (Siehe Abbildung links). Wenn Sie nun schwingen, wird Ihnen sofort das deutliche Gefühl in beiden Händen auffallen. Während Sie dann die wichtigsten Schwungpositionen durchlaufen, wird zudem die Rolle der Arme betont. Ich halte diese Übung für besonders effektiv, um das Abwinkeln der Handgelenke auf Hüfthöhe hervorzuheben und um die korrekte Position der Arme und des Schlägers am höchsten Punkt des Schwungs zu verdeutlichen.

Es ist besser, diese Übung vor einem Spiegel auszuführen. Achten Sie auf die Handgelenke, wenn die Hände die Knie passieren und Hüfthöhe erreichen. Spüren Sie, wie Ihr linker Arm gegen die Brust drückt. Am höchsten Punkt des Rückschwungs sind Ihre Handgelenke korrekt abgewinkelt, der rechte Ellbogen in einer stützenden Position und der Schlägerschaft liegt parallel zur Ziellinie.

Im Abschwung ziehen linker Arm und linke Schulter den Schläger nach unten zum Ball, gleichzeitig hält das rechte Handgelenk in Vorbereitung des Treffmoments den Winkel. Sie laufen nun nicht mehr Gefahr, den Schläger zu früh freizugeben.

EINFACHE KORREKTUREN ALLTÄGLICHER FEHLER

Sie haben nun die effektivsten Übungen kennengelernt, die einem jeden Spieler bei der Suche nach der korrekten Schwungbewegung helfen. Nun ist es an der Zeit, sich etwas näher mit den Schlägen zu beschäftigen, die allen Golfern zu schaffen machen: Dem Slice, dem Hook, dem fett getroffenen Ball, dem getoppten Ball, dem Socket oder auch dem zu kurzen Drive. Früher oder später wird jeder Golfer mit diesen Schlägen konfrontiert, doch meiner Erfahrung nach können sie anhand einer oder zwei ausgesuchter Übungen erfolgreich überwunden werden. Auch hier führt der Weg zum Erfolg über Übungen, die Ihr Gefühl für einen gewissen Bewegungsablauf stärken und verinnerlichen. Mit anderen Worten: Es gilt, das Gedächtnis Ihrer Muskeln zu verbessern.

DIE ÜBUNG AM HANG: *Gut gegen Hook und Slice*

Ein gutes, richtiges Gefühl für Schwungrichtung und -ebene im Abschwung sind Voraussetzung für beständige Golfschläge. Darum sind die beiden hier abgebildeten, überall anwendbaren Übungen so wichtig, denn sie helfen beim Kampf gegen „Mister Slice" und „Mister Hook".

Jede Neigung zum Slice resultiert aus einem Schlägerkopf, der in einem zu steilen Winkel zum Ball kommt und somit die Ziellinie von außen nach innen kreuzt. Ich bin schon im Kapitel 2 kurz auf diesen Punkt eingegangen und ich weiß, daß vielen Golfern die geläufigen Slice-Symptome (lascher Schlag, Divot in Richtung links des Ziels) bekannt sind.

Suchen Sie sich zum Bälleschlagen einen Hang, an dem der Ball einige Zentimeter über den Füßen liegt (siehe Bild). Dadurch werden Sie die Schwungebene abflachen, müssen Ihren Körper drehen und den Schläger runder schwingen. Folglich werden Sie ganz natürlich mehr von innen

zum Ball schwingen. – Stellen Sie sich nach einigen Schlägen gedanklich vor, wie sich die Spitze des Schlägerkopfes im Treffmoment über die Ferse dreht, während Ihre Unterarme beständig beschleunigen.

Glauben Sie mir: Es gibt keine bessere Übung gegen den Slice. Es genügt, daß Sie sich auf Ihren Rhythmus konzentrieren und sich vom Hang führen lassen. Regelmäßig ausgeführt, wird diese Übung Ihre Schwungbewegung revolutionieren. Wie sich daran zeigt, daß Sie Ihre Bälle bald schon mit Rechts-nach-links-Drawspin schlagen können. Diese Übung ist übrigens auch auf dem Platz anwendbar, indem Sie beim Probeschwung den Schlägerkopf einige Zentimeter über dem Boden halten.

Wenn Sie zum Hook neigen, haben Sie genau mit dem gegensätzlichen Problem zu kämpfen. Die flachen, von rechts nach links fliegenden Bälle sind das Ergebnis eines Schlägers, der von zu weit hinten auf einer entsprechend flachen Schwungrichtung zum Ball geführt wird. Es handelt sich dabei um Fehler, die zumeist auch noch eine rollende Handbewegung nach sich ziehen, wodurch sich die Schlagfläche im Treffmoment schließt. Um dem allen entgegenzuwirken müssen Sie Bälle schlagen, die einige Zentimeter unter den Füßen liegen (siehe oben). Dies bewirkt einen steileren Schwung und eine Schwungrichtung, die weniger von innen nach außen verläuft. Auch diese Übung vermittelt Ihnen ein gutes Gefühl für die richtige Schwungrichtung und -ebene.

Wenn Sie den Ball von unterhalb Ihrer Füße schlagen, werden Ihre Hände zudem enger am linken Oberschenkel vorbeischwingen und links vom Ziel ausgerichtet bleiben. Dies ist der Schlüssel zum Sieg über den Hook. Es muß sich anfuhlen, als würde die Schlagfläche förmlich durch den Ball schleifen und dabei Rechtsdrall erzeugen. Wer weiß, das richtige Training vorausgesetzt, werden aus Ihren Hooks vielleicht sogar hübsche Fades?!?

SLICE ODER HOOK? *Ändern Sie Ihre Schwunggedanken*

Im Kampf gegen den Slice stärken Sie Ihren Griff etwas, d.h., Sie drehen Ihre Hände etwas nach rechts. Sie halten den Schläger mehr in den Fingern, d.h., Sie verringern den Griff-Druck. Im Kampf gegen den Hook tun Sie genau das Gegenteil: Sie schwächen den Griff, indem Sie die Hände etwas nach links drehen. Sie greifen den Schläger etwas mehr im Handballen, dadurch können Sie die Aktion der Hände im Treffmoment etwas passiver halten.

∇ Eine drastische Maßnahme gegen den Slice: Richten Sie Ihren Körper im 90-Grad-Winkel zum Ziel aus, plazieren Sie den Ball außerhalb Ihres linken Fußes und versuchen Sie sich an einem übertriebenen Innen-nach-Außen-Schwung. Achten Sie darauf, die rechte Hand und den rechten Unterarm im Treffmoment freizugeben. Das Ergebnis sollte ein Schlag mit viel Linksdrall sein, bei dem Sie das Gefühl haben, den Schläger bei einer völligen Freigabe der Hände *innerhalb der Ziellinie* zu schwingen. Versuchen Sie, dieses Gefühl zu konservieren, während Sie schrittweise zu Ihrer normalen Ansprechposition zurückkehren.
Warnung: Führen Sie diese Übung niemals aus, wenn jemand in der Nähe steht!

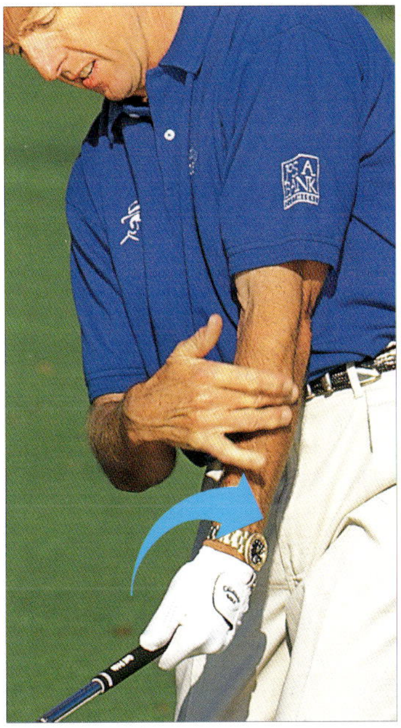

◁ Wenn Sie den Ball slicen, konzentrieren Sie sich darauf, den linken Arm im Treffmoment aggressiver zu drehen, so daß Ihre Armbanduhr zum Boden zeigt.

▷ Wenn Sie den Ball hooken, konzentrieren Sie sich darauf, daß die Fingernägel Ihrer rechten Hand durch den Treffmoment hindurch zum Himmel zeigen. Dadurch mindern Sie die Tendenz, die Schlagfläche zuzudrehen.

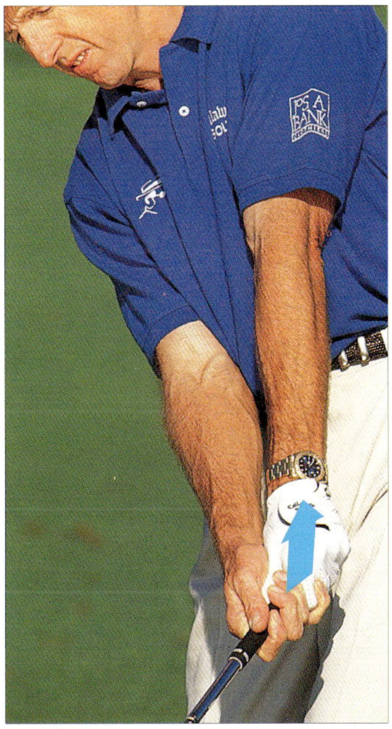

WENN SIE PUSHEN ...

Allgemein gilt, daß beim Push der Körper schon vor dem Treffmoment den Ball überholt. Der Körper schiebt also nach vorne zum Ziel, die Schwungrichtung wird blockiert. Schnelle Abhilfe verheißt, das Kinn hinter dem Ball zu lassen, während Sie vom höchsten Punkt des Rückschwung zurück in den Abschwung drehen, und auf das Gefühl zu achten, als würde die Schlägerkopf-Spitze im Treffmoment die -ferse überholen. Dadurch können Arme und Hände den Schläger korrekt freigeben, der Ball startet in der richtigen Richtung.

WENN SIE PULLEN ...

Den Ball mit einem „Over the Top"-Schwung nach links zu pullen macht wütend. Denn häufig ist der Ball zwar solide getroffen, fliegt aber aufgrund der geschlossenen Schlagfläche weiter als erwartet. Heilung verheißt, sich darauf zu konzentrieren, daß der Oberkörper am Ende des Rückschwungs aufgedreht bleibt, während Arme und Hände in den Abschwung starten. Gelingt Ihnen dies für den Bruchteil einer Sekunde, gelangt Ihr rechter Ellbogen zur rechten Hüfte. Wenn der Körper nun zurück durch den Ball dreht, gelangt der Schläger auf der korrekten Schwungrichtung von innen zum Ball. Ergebnis? Gerade Schläge!

DER DRIVE:
Zu kurz, da unterschlagen

Wenn Sie den Ball mit dem Driver genauso ansprechen wie mit dem Eisen, sollten Sie nicht überrascht sein, wenn Sie oft zu kurze oder unterschlagene Schläge machen. Den Ball in der Abwärtsbewegung zu treffen ist ideal bei Eisenschlägen, wo der Ball mit einem kleinen Divot vom Boden „gezwickt" werden soll. Der Driver indes verlangt nach einer fegenden Bewegung – ohne Bodenkontakt. Schauen Sie sich Ihren Schläger an: Ist er an der Oberfläche verkratzt, dann neigen Sie zu diesem Fehler.

Es ist aber nicht allzu schwierig, den Driver zukünftig solide zu schlagen! Der Schlüssel zum Erfolg liegt dabei in der Ansprechposition. 1. Sie stellen – für mehr Gleichgewichtsgefühl – Ihre Füße mindestens schulterbreit auseinander. 2. Sie plazieren Ihren Ball weiter vorne im Stand, gegenüber der Innenseite Ihres linken Absatzes. Ihre Hände sind etwas hinter dem Ball. 3. Sie vergewissern sich, daß mindestens 60 Prozent Ihres Gewichts nach rechts verlagert ist. Ihre rechte Körperhälfte ist etwas tiefer als die linke, so, als ob Sie in einer Bergauflage schwingen würden. Dies führt zu einem Schwung mit optimalen Eintreffwinkel. Ergebnis? Viel Flugweite und viel Roll – also ein langer Schlag.

FETT ODER DÜNN? –
Verbessern Sie den Eintreffwinkel durch eine Bergablage

Sie sind nah verwandt, die fett oder dünn getroffenen Schläge. Wenn auch Sie dazu neigen, dann nehmen Sie ein kurzes Eisen und suchen sich eine Bergab-Lage. Dort plazieren Sie den Ball hinten im Stand und versuchen, den Schläger *abwärts* entlang des Hanges zu schwingen. Schlagen Sie Bälle, bis Sie die Schlagfläche solide an den Ball bringen. Durch die Bergab-Lage werden Sie ermutigt, mehr durch den Ball zu schwingen, wodurch Ihr Gewicht im Treffmoment deutlich nach links verlagert wird. Schwungqualitäten, die Ihnen bislang gefehlt haben.

Gleichzeitig sollten Sie ein Gefühl dafür entwickeln, daß sich Ihr rechter Ellbogen im Treffmoment vor – und nicht hinter – der rechten Hüfte befindet. Dies schafft mehr Bewegungsraum für den Abschwung und erlaubt Ihren rechten Arm, sich mehr zu strecken. Denken Sie auch daran, den Winkel des Rückgrats bis zum Treffmoment beizubehalten. Richten Sie sich nicht auf, sondern halten Sie Ihre Knie angewinkelt.

Callaway
GOLF

DER SOCKET: *Ändern Sie Ihre Schwungschleife*

Ohne Zweifel ist der Socket der demoralisierendste Schlag im Golfspiel. Er ist die Folge, wenn der Ball mit der Schlägerkopf-Ferse, nahe des Schaftes, getroffen wird. Beim Socket fliegt der Ball in einem spitzen Winkel nach rechts, weil die Hände im Treffmoment weiter vom Körper entfernt sind als in der Ansprechposition, der Schläger also vom Körper weggedrückt wird. Ich habe festgestellt, daß viele Spieler fälschlicherweise glauben, beim Socket den Ball mit der Schlägerkopf-Spitze zu treffen. Andere, die zwar wissen, ihn mit der Schlägerblatt-Ferse zu treffen, versuchen das Problem zu lösen, indem sie bei der Ansprache noch weiter vom Ball weggehen. Was den Fehler nur noch verschlimmert!

Beim Kampf gegen den Socket sollten Sie wie folgt vorgehen: Stellen Sie sich ein wenig näher zum Ball, sprechen Sie ihn mit der Ferse des Schlägerkopfes an (siehe Abbildung unten). Nach Abschluß des Rückschwungs versuchen Sie, den Schläger bewußt innerhalb der Ball-Ziel-Linie nach unten zu schwingen. Fühlen Sie, wie die Hände im Treffmoment nah am Körper vorbeischwingen, während Sie gleichzeitig versuchen, den Ball mit der Schlägerkopf-Spitze zu treffen. Halten Sie Ihr Gewicht mehr auf den Absätzen als gewöhnlich. Durch diese Übung korrigieren Sie Ihre Schwungrichtung. Haben Sie das Socket-Problem überwunden, werden Sie es bald wieder wagen, vertrauensvoll Ihren gewohnten Schwung zu machen.

4 Das kurze Spiel

Haben Sie sich schon einmal Zeit für die Tour-Statistiken genommen? Die „Top Ten"-Kategorien werden regelmäßig in den Fachmagazinen veröffentlicht und machen die Lektüre zu einem Erlebnis. Bestätigen sie doch, was viele Clubgolfer vermuten: Die Profis spielen wirklich ein anderes Spiel!

Durchschnittliche Abschlagsweiten von mehr als 250 Metern sind heutzutage „Standard", zudem treffen die Tourspieler 75 Prozent der Fairways und Grüns „in regulation". Verfehlen sie das Grün, so lochen sie trotzdem zumeist mit den nächsten zwei Schlägen ein (und retten somit das Par). Längere Löcher werden oft in Birdie gespielt. Von höchster Aussagekraft ist allerdings nachfolgende Statistik: Die besten Professionals benötigen nur 27 bis 28 Putts pro Runde.

Weltweit ist das Spielniveau so hoch, daß die Turniere auf den Grüns gewonnen und verloren werden. Alle noch so guten langen Schläge nützen gar nichts, solange das kurze Spiel nicht ebenbürtig ist. Wie heißt es doch so schön und unwiderlegbar? *„Es ist nicht wichtig, wie gut oder weit Sie schlagen. Im Golf geht es einzig darum, den Ball ins Loch zu bringen."*

Auch Pressekonferenzen spiegeln dies wieder. Nach seiner Runde befragt, erzählt der Spieler zumeist über seine Putts, über gerettete Pars und vergebene Chancen. Für jemand, der seinen Lebensunterhalt mit dem Golfspiel verdient, zählen einzig diese Fakten. Seine Erfolgsbilanz hängt einzig von seinem kurzen Spiel ab.

Nicht jeder hat die körperlichen Voraussetzungen, um wie ein Pro zu schwingen oder den Ball wie ein Pro zu schlagen. Aber jeder Golfer kann sein kurzes Spiel verbessern und dadurch Runde für Runde einige Schläge einsparen. Das Ergebnis von Putts, Chips, Pitches oder Bunkerschlägen ist nicht talent-, sondern trainingsabhängig. Sie brauchen weder die athletische Erscheinung eines Greg Normans noch die mentale Stärke eines Nick Faldos, um im kurzen Spiel erfolgreich zu sein. Alles, was Sie brauchen, ist eine solide Grundtechnik und den starken Wunsch, niedrigere Scores zu erzielen.

Beim kurzen Spiel erhalten Sie eine *sofortige Belohnung*. Wann immer Sie sich die Zeit nehmen, um auf oder um das Grün zu trainieren, wird sich die Zahl in der letzten Zeile Ihrer persönlichen Spiel-Statistik verringern. Und je treffsicherer Ihre Schläge aus 80 bis 90 Metern zur Fahne sind, desto mehr Schläge werden Sie einsparen. Garantiert!

Rechnen Sie doch einfach mal aus, wieviele Schläge Sie pro Runde einsparen würden, wenn Sie nur 30 bis 32 Putts benötigten. (Eine „Hausnummer", die ich für Spieler mit mittleren bis niedrigen Handicaps ansetze.) Um dorthin zu gelangen, gilt es nicht nur, die Putts zu trainieren, sondern auch, die Chips und Pitches zu verbessern, um die Chancen auf „Up and Downs", sprich das Einlochen mit den nächsten zwei Schlägen, zu erhöhen. Ist es doch so, daß die Verbesserung eines Teilbereichs des kurzen Spiels auch die Verbesserung eines anderen kurzen Schlages nach sich zieht.

Man kann's nicht oft genug wiederholen: Ein Spieler mit einem guten kurzen Spiel ist eine Herausforderung für jedermann. Nichts ist für Ihren Gegner demoralisierender – und für Sie aufmunternder – als wenn Sie schwierige Putts lochen und „Up and Down" schaffen, wenn Sie das Grün verfehlt haben sollten.

Es gibt noch einen weiteren Vorteil... Solange Sie sich auf Ihr kurzes Spiel verlassen können, wächst Ihr Vertrauen in Ihr gesamtes Spiel. Ein Spieler, der keine Angst vor Ein-Meter-Putts hat, hat auch gute Chancen, mittlere und lange Putts zu lochen, weil er den Ball, ohne Angst vor dem Rückputt, entschlossener zum Loch schlagen wird. Selbstvertrauen fördert weiteres Selbstvertrauen. Ein Spieler, der sich darauf verlassen kann, auch von außerhalb des Grüns mit zwei Schlägen einzulochen, wird vom Abschlag bis zum Grün mutiger spielen, weil er weiß, daß er auch im schlimmsten Falle den Kopf noch aus der Schlinge ziehen kann.

Der zentrale Aspekt dieses Kapitels heißt *Vorstellungskraft.* Das kurze Spiel testet Ihr Vorstellungsvermögen. Können Sie Schläge erfinden? Sind Sie flexibel, wenn es darum geht, sich aus schwierigen Spielsituationen zu befreien? Der Schlüssel zu einem guten kurzen Spiel liegt in der Phantasie und in der Vorstellungskraft. Sie müssen Schläge vor Ihrem geistigen Auge sehen, Situationen realistisch analysieren und das Roll-Verhalten des Balles auf dem Grün richtig abschätzen, ehe Sie den Schlag ausführen. Danach ist der Schlag an sich nur noch eine Formsache.

Der Schlüssel zum Erfolg heißt Wiederholung. Genauso, wie ein Severiano Ballesteros oder ein Phil Michelson tausende von Stunden auf dem Pitching- und Putting-Grün verbracht haben, müssen auch Sie bereit sein, viel Zeit für Ihr Training des kurzen Spiels aufzuwenden. Nur durch das ständige Wiederholen eines Schlages – und das Notieren der Ergebnisse – werden Sie herausfinden, wie der Ball fliegt und ausrollt, wenn er auf eine gewisse Art geschlagen wird. Das ständige Wiederholen von Schlägen erzeugt *Schlaggefühl* und fördert letztendlich das Selbstvertrauen.

Das Einschätzen einer Situation, das „Sehen" eines Schlages vor der Schwungbewegung und die Schlägerwahl sind die Fundamente einer guten Kurzen-Spiel-Strategie. Es ist wichtig, daß Sie zunächst mit mehreren Schlägern experimentieren, um Flugkurve, Rückwärtsdrall und Ausrollen zu verstehen. Faustregel: Je geringer die Neigung der Schlagfläche, desto kürzer wird der Ball fliegen und länger ausrollen.

Verbringen Sie einige Abende mit drei oder vier verschiedenen Chipschlägern, einem Putter sowie einigen Bällen um das Übungsgrün. Dort werden Sie Ihr Schlaggefühl und Ihre Vorstellungskraft verbessern. Veranstalten Sie mit einem Freund kleine Chip-, Pitch- und Putt-Turniere, um unter Wettkampfbedingungen auch Konzentration und Nervenstärke in das Trainingsprogramm zu integrieren. Suchen Sie ständig nach Herausforderungen und neuen Zielen. Es gibt für den erfolgsorientierten Golfer keine bessere Möglichkeit, seine Zeit zu verbringen.

DAS PUTTEN: *Ein unvollkommene Wissenschaft*

Selbst auf dem treuesten aller Grüns ist auch bei einem noch so guten Putt nichts sicher. Anhand zahlreicher Experimente hat Dave Pelz, seines Zeichens weltweit anerkannter Spezialist des kurzen Spiels, herausgefunden, daß sogar eine Maschine, die einen technisch perfekten Pendelschlag konstant wiederholt, auf einen für ein Turnier vorbereiteten Grün aus zwei Metern von zehn Putts nur sechs bis sieben locht. Diese Studie verdeutlicht, welche Auswirkungen noch so geringe Unregelmäßigkeiten des Grüns auf den Ball haben können. Ob Spike-Marke oder Schlägerkopf-Abdruck, der Golfer muß all diese Unregelmäßigkeiten bei seiner Schlagvorbereitung berücksichtigen. Zudem können Sie als menschliches Wesen nicht davon ausgehen, die gleiche Bewegung konstant zu wiederholen.

Das alles ändert aber nichts daran, daß das Putten der Schlüssel zu niedrigen Scores bleibt. Eine gute Runde wird durch gute Putts eine herausragende, eine schlechte Runde durch gute Putts immer noch eine akzeptable. Sie haben alle gute Karten auf Ihrer Seite, wenn Sie auf dem Grün einige – mechanische und mentale – Prinzipien beachten und befolgen.

Reduziert auf die grundlegenden Elemente, besteht ein Putt aus *Linie* und *Geschwindigkeit,* zwei untrennbar miteinander verbundene Faktoren. Bevor wir uns den mechanischen Ablauf eines guten Putts detailliert betrachten, sollten Sie wissen, daß Pelz auch die ideale Geschwindigkeit eines Putts definiert hat: Laut Pelz hält der Ball die Linie am besten, wenn er 43 Zentimeter hinter dem Loch zur Ruhe kommt (so er dieses verfehlt). Es gibt aber auch einige großartige Spieler, die versuchen, den Ball mit der letzten Umdrehung ins Loch fallen zu lassen. Sie gehen davon aus, daß der Ball bei dieser geringen Geschwindigkeit die beste Chance hat, ins Loch zu kippen, so er nur den Lochrand berührt. Putten ist – und bleibt – eine individuelle Angelegenheit.

Werfen wir also einen Blick auf die fundamentalen Regeln des Puttens.

DIE PUTT-PRINZIPIEN: *Griff, Körperhaltung, Ausrichtung und Schlag*

Sie halten sich für einen guten Putter, auch wenn Sie sich vorrangig auf Ihr Gefühl verlassen, statt sich mit den mechanischen Prinzipien auseinanderzusetzen? Lassen Sie alles so, wie es ist! Warum sollte man etwas Erfolgreiches verändern? (Man könnte schließlich sogar über Ben Crenshaws Putt-Stil diskutieren, obwohl ihm in puncto Gefühl niemand etwas vormachen kann!) Wenn Ihre – kurzen oder langen – Putts aber oftmals unbefriedigend ausfallen, so ist es an der Zeit, sich einige fundamentale Aspekte in Erinnerung zu rufen.

Aus technischer Sicht besteht ein guter Putt aus der synchronen Pendelbewegung von Schultern und Armen – ganz so wie beim vollen Schwung, allerdings ohne Handgelenk-Einsatz. Ich konzentriere mich auf das durch Schulter und Arme gebildete Dreieck, das mehr oder minder unverändert bleibt, während der Putter pendelartig zurück und durch den Ball schwingt. Jede selbständige Bewegung der kleineren Muskeln in den Händen und Handgelenken führt zu Unbeständigkeit und macht den Schlag streßanfällig. Deshalb ist der überlange Putter heute auch so populär – er schließt jegliche Einflußnahme der Hände und Handgelenke von vornherein aus. – Beim Putt sind – ebenso wie beim vollen Schwung – der Griff und die Ansprechposition Grundvoraussetzung für einen guten Schlag.

Greifen Sie den Schläger im Ballen Ihrer linken Hand.

Greifen Sie ihn bequem, Daumen oben aufliegend.

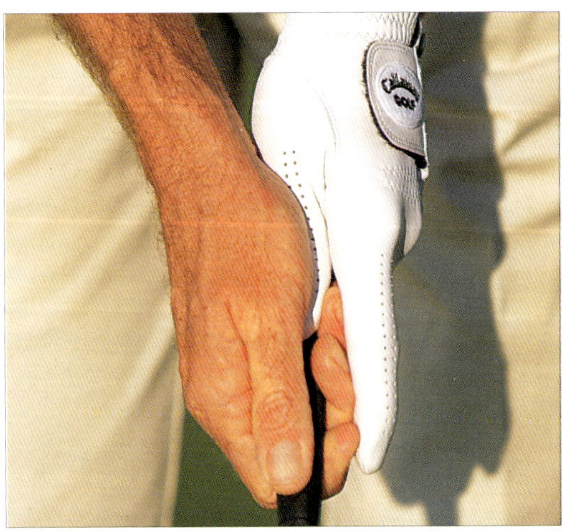

Halten Sie beide Handflächen parallel.

DER GRIFF – Der Putter sollte wie folgt gegriffen werden: Die Handflächen liegen sich auf dem Griff gegenüber, die Hände sind so zusammengeführt, daß sie als Einheit agieren. Der verbreitetste Stil ist der „Reverse Overlap" bei dem der Zeigefinger der linken Hand über die Finger der rechten Hand greift (siehe Abbildung). Dies vermittelt ein großes Gefühl der Sicherheit und festigt das Handgelenk.

Ob Sie auf den „Reverse Overlap" vertrauen, sich für den Vardon-Griff entschieden haben oder es sogar mit der unten liegenden linken Hand versuchen – wichtig ist ein leichter Griffdruck, damit Arme und Schultern „weich" und gefühlserhaltend agieren können. Achten Sie auf Ihre Daumenballen – sie vermitteln ein enormes Gefühl für den Schlag und die Richtung.

Am wichtigsten ist, daß die Hände als Einheit agieren. Dies erreicht man durch ein Justieren der linken Hand. Halten Sie den Putter so, daß der Griff weit oben im linken Handballen liegt. Klemmen Sie ihn bequem unter den Ballen des linken Daumens, und erfreuen Sie sich am Gefühl der Sicherheit dieser Haltung, während Sie Ihre Finger um den Griff legen. Wenn Sie den Schläger nun hochhalten, sollten Sie höchstens den Knöchel des Zeigefingers erkennen können. Dieser „Ballen-Griff" unterstützt Sie, das linke Handgelenk während des Schlages ebenso ruhig wie gerade und die Schlagfläche des Putters square zu halten. – Ich befürworte diesen Griff!

DIE ANSPRECHPOSITION – Schauen Sie sich mal bewußt um ... Sie werden auf dem Putting-Grün ein Dutzend individueller Stilrichtungen entdecken: Offener oder geschlossener Stand, gebeugte oder aufrechte Standhaltung, usw. Aus Funktionalitäts-Gründen empfehle ich, relativ aufrecht zu stehen, während Ihre Körperlinien fast parallel zur Puttlinie ausgerichtet sind. Halten Sie die Schlagvorbereitungs-Routine wie beim vollen Schlag ein, erst kommt die sorgfältige Ausrichtung der Schlagfläche des Putters, dann die Ihres Körpers. Natürlich wird die Schlagfläche im rechten Winkel zur Puttlinie ausgerichtet. Dies mag einfach klingen, ist es wohl aber nicht. Wie sich schon daran zeigt, daß sich viele Spieler falsch ausrichten. Lassen Sie Ihre Ansprechposition daher regelmäßig von einem Freund kritisch überprüfen.

Vergewissern Sie sich, daß sich Ihre Augen genau oberhalb des Balles befinden. (Dies läßt sich einfach überprüfen, indem Sie einen Ball von Ihrem Nasenbein fallen lassen.) Ihre Hände hängen unterhalb Ihrer Schultern, Ihre Ellbogen werden bequem auseinander gehalten, so daß der innere Teil beider Oberarme an der Brust bleibt. Diese „Verbindung" ist überaus wichtig, sie ermöglicht das Zusammenwirken von Armen und Körper.

Bezüglich der Standbreite gibt es keine spezielle Vorgabe. Sie sollte bequem sein und bei leicht gebeugten Knien einen stabilen Unterkörper gewährleisten. Diese Haltung ermöglicht es Ihnen, den Schlag mit dem Oberkörper zu kontrollieren, die Schulter zu pendeln und die Arme erst zurück, dann nach vorne zu schwingen. Das solide Fundament für einen guten Putt ist somit geschaffen.

Zuletzt plazieren Sie den Ball etwas vor der Mitte des Standes, wodurch Sie ihn erst im Durchschwung treffen werden. Der Ball erhält dadurch mehr Vorwärtsdrall (Overspin).

DER SCHLAG – Da der Ball beim Putt außerhalb der Schulterlinie liegt, verlangt der Schlag nach viel Symmetrie. Bei kurzen Putts (bis zwei Meter) führe ich den Putter ziemlich gerade auf der Verlängerung der Ziellinie zurück, bevor er ein wenig innerhalb der Ball-Ziel-Linie vom Ball weggeschwungen wird. Der Schläger kommt square zum Ball, bleibt eine Weile gerade auf der Ziellinie, ehe er wieder etwas nach innen durchschwingt.

Auch hier wird der Schlag durch die größeren Muskeln der Schultern kontrolliert, Hände, Arme und Putter bilden eine Einheit. Die Tourspieler behelfen sich mit der *„Rechte Schulter nach hinten, linke Schulter nach oben"*-Eselsbrücke. Es hilft, sich diese Wörter beim Training ins Gedächtnis zu rufen. Denken Sie also daran, während Ihre rechte Schulter, den Schlag einleitend, nach hinten geht, oder sich Ihre linke Schulter nach oben bewegt, während Sie durch den Ball beschleunigen.

Wenn Sie sich an die Putt-Prinzipien halten, wird der Putter – wie beim vollen Schlag – auf einer beständigen Schwungrichtung zurück- und vorpendeln. Denken Sie daran: Je weniger einzelne Körperteile in den Schwung eingreifen, desto stabiler, sprich besser und verläßlich, wird der Schlag ausfallen.

Sobald Ihnen die Pendel-Bewegung in Fleisch und Blut übergegangen ist, konzentrieren Sie sich auf Schlag-Rhythmus, -Tempo und Schlägerkopf-Geschwindigkeit. Die goldene Faustregel lautet, daß die Länge des Pendelschlages die Länge des Putts kontrolliert. Stecken Sie Tees drei, sechs und neun Meter von sich entfernt in den Boden, zu denen Sie dann abwechselnd hinputten. So entwickeln Sie ein Gefühl für die Entfernung.

Passen Sie die Länge des Pendelschlages der erforderlichen Puttlänge an und arbeiten Sie an einem „eins – zwei“-Takt. Sie werden feststellen, daß ein leichter Griffdruck in Bezug auf Schlagtempo Wunder bewirkt. Vergewissern Sie sich, daß die Länge Ihres Durchschwungs mindestens genauso weit ist, wie die des Rückschwungs.

Versuchen Sie es auch mit Musik! Finden Sie heraus, welches Tempo am besten zu Ihrem Rhythmus paßt. Einige Spieler schwingen lieber in einem schnellen „eins – zwei“-Takt, andere bevorzugen einen etwas entspannteren, langsameren Rhythmus. Welcher für Sie der bessere ist, müssen Sie selbst herausfinden. Allgemein gilt, daß Ihr Puttschlag Ihrer Persönlichkeit und Ihrem Tempo beim vollen Schlag entsprechen sollte.

PUTTÜBUNGEN: *Eine Mischung aus Mechanik und Gefühl*

Bei der Erstellung eines Trainingsplans für das kurze Spiel rate ich zur Berücksichtigung von vier spezifischen Puttbereichen: 1. Kurze „Muß“-Putts aus ein bis zwei Metern, 2. Mittellange Putts aus zwei bis sieben Metern, 3. Lange Putts aus über zehn Metern, bei denen besonders auf Gefühl und Geschwindigkeit geachtet werden sollte, und 4. Mittellange, breakreiche Putts, die die Wechselbeziehung zwischen Linie und Geschwindigkeit verdeutlichen. Vergessen Sie nicht die Übung mit den Tees, während Sie sich auf die Schwungbewegung konzentrieren. Ohne dem Druck, Putts lochen zu müssen, können Sie sich besser mit den technischen Aspekten des Puttens auseinandersetzen.

DAS TRAINING DES SICHEREN SCHLAGES:
Pendeln mit den Schultern, schwingen mit den Armen

Wie beim vollen Schlag rühren unbeständige Putts aus einer mangelnden Koordination zwischen Armen und Körper. Es ist zwar möglich, dies durch Einsatz der Hände zu kompensieren (und den Putt entsprechend zu „steuern"). Doch von langer Dauer werden solche Ausgleichs-Bewegungen nicht sein.

Zum Wiedererlangen des Gefühls einer koordinierten Pendelbewegung klemmen Sie einen Schlägerschaft unter die Arme (siehe Abbildung). Dadurch bekommen Sie ein Gefühl für das Dreiecks-Verhältnis und können sich fortan darauf konzentrieren, den Schlag mit zusammen arbeitenden Armen und Schultern zu wiederholen. Pendeln Sie aus Ihren Schultern heraus und lassen Sie dem Schlag seinen Lauf.

Viele der Spieler, mit denen ich zusammenarbeite, kontrollieren den Schlag mit einer leichten Drehung des Bauches und der Brust. Das bewirkt eine koordinierte Bewegung der Arme, Hände sowie des Putters und gewährleistet, daß die Schultern nicht zu senkrecht pendeln. Sie werden vielmehr – die Achse einhaltend – um die Wirbelsäule drehen.

Üben Sie dies aus einer kurzen Entfernung von zwei bis drei Metern. Vergewissern Sie sich, daß Ihre Schultern parallel zur Ziellinie ausgerichtet sind, wenn Sie den Ball ansprechen. Konzentrieren Sie sich darauf, aus den Schultern heraus zu pendeln und den Schläger mit dem monotonen „eins – zwei"-Takt zurück- und durch den Ball zu schwingen. Halten Sie den Kopf ruhig, den Griffdruck angenehm leicht und warten Sie auf den schönen Klang, wenn der Ball ins Loch fällt.

DAS LOCHEN:
Eins – zwei … und rein

Kurze Putts sind eine Frage des Selbstvertrauens. Je mehr Putts Sie lochen, desto einfacher fällt es Ihnen. Es gibt viele Möglichkeiten, die Technik zu trainieren. Eine der effizientesten ist, Bälle in einer Entfernung von einem Meter kreisförmig ums Loch zu legen und sie dann alle einzulochen.

Mit einer „Zurücklege"-Klausel können Sie die Herausforderung noch steigern – beispielsweise, wenn Sie gegen einen Freund putten. Dabei müssen Sie nach jedem vorbeigeschobenen Putt den Ball eine Schlägerlänge vom Loch entfernt zurücklegen. So üben Sie immer die entscheidenden Ein-Meter-Putts, statt sich Schläge zu schenken.

Konzentration auf den Rhythmus ist der Schlüssel zum Erfolg. Vergewissern Sie sich, daß Ihre Ansprechhaltung und -ausrichtung korrekt sind, und wiederholen Sie innerlich den „eins – zwei"-Takt, während Sie den Ball ins Loch schlagen. Üben Sie Putts mit geschlossenen oder zum Loch ausgerichteten Augen. So konzentrieren Sie sich auf den Putt und nicht auf den Schläger. Wenn Sie 20 kurze Putts lochen, bevor Sie auf die Runde gehen, kann sich dies wunderbar auf Ihr Selbstvertrauen auswirken. Stellen Sie sich nicht einfach hin, um gedankenlos einige Drei-Meter-Putts zu machen … Sie werden diese vorbeischieben und Ihr Selbstvertrauen einbüßen. Sie brauchen das Gefühl, Putts wiederholt ins Loch geschlagen zu haben. So werden Zweifel ab- und Selbstvertrauen aufgebaut. Schließlich gibt es für einen Golfer wirklich nichts Schöneres, als den Klang, wenn ein Ball ins Loch fällt.

LANGE PUTTS: *Nur mit dem rechten Arm*

Es darf davon ausgegangen werden, daß die meisten Rechtshänder mehr Gefühl für die Entfernung in der rechten Hand haben. Daher ist es ein gutes Training, lange Putts nur mit dem rechten Arm auszuführen. Dies verstärkt Ihr Gefühl für den Schlägerkopf und belohnt Sie rasch mit einer guten Kontrolle der Länge. Schlagen Sie vier oder fünf Bälle nur mit dem rechten Arm. Greifen Sie erst danach den Schläger wieder mit beiden Händen und putten Sie einige Bälle zum Loch. – Linkshänder sollten diese Übung logischerweise mit dem linken Arm ausführen.

Mike Hulbert, ein Spieler der US-Tour, mit dem ich zusammen arbeite, hat schon auf einigen Turnieren ausschließlich mit dem rechten Arm geputtet. Und dies äußerst erfolgreich!

DER UMGANG MIT DEM „BREAK“: *Erst lesen, dann schlagen*

Bei einem Putt mit Break gilt es, eine gesunde Mischung zwischen der Putt-Linie und -Geschwindigkeit zu finden. Schlagen Sie den Ball zu fest, so wird er den Break nicht annehmen; „streicheln“ Sie ihn hingegen nur, so wird er frühzeitig aus der Linie laufen. Die Stärke des Breaks hängt vorrangig von der Geschwindigkeit des Grüns ab. Entsprechende Erfahrungen können Sie daher nicht bei der Lektüre eines Buches sammeln. Vielmehr müssen Sie auf verschiedenen Grüns experimentieren und oftmals unter verschiedenen Bedingungen spielen, um auf die ständig wechselnden Situationen vorbereitet zu sein.

Denken Sie an die weisen Worte des großartigen Südafrikaners Bobby Locke, der die Problematik wie folgt auf einen Nenner brachte: „Jeder Putt ist ein gerader Putt“. Ihre Aufgabe besteht daher darin, das Grün genau zu lesen, sich den Weg des Balles zum Loch gedanklich vorzustellen und einen sogenannten „Break-Point“ (bzw. ein Zwischenziel) festzulegen, auf den Sie sich dann konzentrieren und zu dem Sie sich ausrichten.

Um sich mit diesem Prinzip anzufreunden, suchen Sie sich auf dem Putting-Grün einen Putt mit Break und schlagen dann einige Putts. Einige Zentimeter oberhalb des Scheitelpunktes der Linie, den Sie so rasch erkennen werden, stecken Sie ein Tee in den Boden (siehe Abbildung).

Bei den nächsten Putts richten Sie sich square zu dieser Markierung aus und putten den Ball dann knapp ihr vorbei. Mit anderen Worten: Sie konzentrieren sich auf die Ausführung eines geraden Putts. So Sie die Geschwindigkeit korrekt angesetzt haben, können Sie beobachten, wie der Ball die Grünneigung entlang rollt und dann zum Loch hin bricht. Nützen Sie diese Übung, um sich mit dem Verhältnis von Linie und Geschwindigkeit vertraut zu machen. Trainieren Sie erst mit Putts, die von links nach rechts brechen und dann mit welchen, die von rechts nach links laufen. Am Ende sollten Putts auf Ihrem Trainingsplan stehen, die zunächst in die eine, dann in die andere Richtung brechen.

Erarbeiten Sie sich eine Vorbereitungs-Routine. Schauen Sie sich zunächst die Linie von hinter dem Ball an, machen Sie dann einige Probeschwünge. Legen Sie den Break-Point fest, stellen Sie sich die Linie, die der Ball nehmen wird, gedanklich vor und sprechen Sie dann den Ball an. Werfen Sie noch ein oder zwei Blicke zum Loch, lassen Sie den Putt ein letztesmal vor Ihrem geistigen Auge ablaufen und schlagen Sie dann den Ball. Im Idealfall geht Ihnen dieses Timing so in Fleisch und Blut über, daß Sie sich automatisch bei jedem Putt daran halten.

PUTTEN: *Was Sie beachten sollten*

GUTER ROLL

Ein großes Problem für viele Amateure: Der Putter kreuzt die Ziellinie von außen nach innen, wodurch der Ball angeschnitten wird und nicht korrekt rollen kann. Die Qualität Ihrer Putts ist leicht überprüfbar: Malen Sie einen Kreis auf den Ball (oder trainieren Sie mit einem Driving-Range-Ball) und richten Sie diese Linie genau auf das Loch aus. Bei einem sauberen Schlag wird der Ball gerade, der Kreis also nicht aus der Richtung rollen. Anderenfalls wird der Ball aus der Richtung „eiern" – ein sicheres Indiz für einen „geschnittenen" Schlag.

SCHAUEN SIE BEI KURZEN PUTTS NICHT AUF

Yips – eine Krankheit, die einige Spieler bei kurzen Putts befällt – wird oft verursacht durch ein frühzeitiges Aufblicken noch während des Schlages. Wenn Sie den Kopf heben, um den Lauf des Balles zu verfolgen, riskieren Sie eine Veränderung Ihrer Ausrichtung. Gleichgewicht und Stabilität sind Grundvoraussetzung für eine gute Puttbewegung, es ist daher wichtig, daß Sie Körper und Kopf ruhig halten, bis der Ball geschlagen ist. Halten Sie sich an folgende Faustregel: Wann immer Sie beim Ansprechen schon das Loch sehen können (also bei kurzen Putts), müssen Sie der Versuchung widerstehen, dem Ball nachzuschauen. Konzentrieren Sie sich vielmehr auf die Stelle unter dem Ball, bis Sie ihn ins Loch fallen hören.

CHIPPEN:
Eine Frage des Gefühls und des Vorstellungsvermögens

Ich definiere einen Chip gerne als Schlag, bei dem der Ball mehr rollt als fliegt. Technisch ist er dem langen Putt sehr nahe, geht es doch darum, mit Hilfe des Neigungswinkels des Schlägers den Ball kurz über ein gewisses Stück Rough oder Vorgrün zu schlagen, um ihn dann lang zum Loch hin ausrollen zu lassen. Die Berechnung eines Chips ist eine Kunst. Entsprechend wird es Sie mit Zufriedenheit erfüllen, wenn der Ball an der zuvor festgelegten Stelle landet und genauso ausrollt, wie Sie sich dies „ausgerechnet" haben.

Weltklasse Chip-Spieler – unter denen in meinen Augen Bernhard Langer eine Spitzenstellung einnimmt – werden Ihnen bestätigen, daß rollende Bälle leichter zu berechnen – und zu kontrollieren – sind als fliegende. Daher glaube auch ich, daß ein gutes kurzes Spiel den Einsatz verschiedener Schläger voraussetzt, um Bälle mit verschiedenen Flugkurven schlagen zu können. Ebenso wichtig ist auch der Grundsatz, Bälle stets so früh wie nur möglich auf dem Grün landen und dann zum Loch hin ausrollen zu lassen.

Keine Regel ohne Ausnahme … Es gibt auch Spieler, die sich beim Chip-Training auf ihren Lieblingsschläger konzentrieren. Severiano Ballesteros zum Beispiel chippt – wann immer nur möglich – mit dem Eisen 9. Dank seines hervorragenden Handeinsatzes zaubert er damit alle nur erdenklichen Flug- und Roll-Varianten.

Trotzdem bin ich der Meinung, daß jeder Spieler sich angewöhnen sollte, mit mindestens zwei verschiedenen Schlägern zu Chippen. (Eisen 9 oder Wedge für kurze und mittellange Schläge, Eisen 7 oder 8 für längere Schläge, bei denen der Ball weiter ausrollen soll.) So erlernen Sie einen Standard-Chipschwung, bei dem Sie dann nur die Schläger wechseln müssen, um verschiedenen Spielsituationen gerecht zu werden. Das Wesentliche beim Chip ist die Kontrolle des Balles im Treffmoment und die Einschätzung, wie weit der Ball ausrollen wird. Lassen Sie mich Ihnen den Weg dorthin aufzeigen.

DER GRIFF: Wie schon beim Putt ist auch beim Chip der Handgelenk-Einsatz auf ein Minimum zu reduzieren. Hände und Handgelenke spielen für die Chip-Technik zwar eine Schlüsselrolle, doch ein übertriebener Handgelenk-Einsatz fördert die Unbeständigkeit. Sie haben die Wahl: Entweder Sie greifen den Schläger wie beim vollen Schlag, oder wie beim Putt. Ganz, wie es sich besser für Sie anfühlt. So oder so, es verbessert die Ballkontrolle, wenn Sie den Schläger etwas kürzer fassen. Zudem fördert ein leichter Griffdruck Ihr Gefühl für den Schlag.

DIE ANSPRECHPOSITION: Im Vergleich zum Stand beim Putt verlangt der Stand beim Chip nach minimalen Veränderungen. Beachten Sie, daß mein Gewicht verstärkt nach links verlagert ist. Der Ball wird hinten im Stand, gegenüber des rechten Zehs, gespielt, die Hände befinden sich vor dem Ball. „Ball hinten, Hände und Gewicht vorne" – so läßt sich dies kurz zusammenfassen. Trotz Körperbewegung wird das Gewicht kaum verlagert, Sie schwingen mit einem engen, leicht geöffneten Stand, wobei Ihre Brust vor dem Ball bleibt. Dies ist besonders wichtig: Wenn Sie sich etwas zum Ziel neigen und die Brust gleichzeitig vor dem Ball halten, erleichtern Sie Ihren Händen die Führung des Schlägerkopfes. Das Ergebnis wird ein etwas steilerer Abschwung sein.

DER SCHLAG: Nachdem Sie nun korrekt am Ball stehen, übernimmt das Pendelprinzip den Rest. Pendeln Sie mit den Schultern, während Hände und Arme auf diese Bewegung reagieren. Als Ergebnis des Drehens werden die Handgelenke beim Richtungswechsel etwas anwinkeln, wodurch das Gewicht des Schlägerkopfes deutlich spürbar wird. Dieser „Verzögerungseffekt", wie der Moment eigentlich bezeichnet werden sollte, ist ein zwar ungewolltes, aber dennoch zu pflegendes Element des Schlages. Denn ohne ihm ist ein samtweiches Treffen des Balles – unabdingbare Voraussetzung für einen guten Chip! – nicht möglich.

Was wir erreichen wollen, ist eine kontrollierte Körperbewegung mit weitgehend passiven Händen. Das Dreieck, gebildet durch Arme und Schultern, bewegt sich mit der Drehung des Oberkörpers. Der Schlüssel zum Erfolg besteht darin, die Hände in der gleichen Stellung zum Ball zu bringen, wie bei der Ballansprache. Die Handgelenke geben nicht nach und die linke Hand bleibt im Treffmoment gerade, während der Schläger den Ball in einer leichten Abwärtsbewegung vom Boden streift.

Ein guter Chip zeichnet sich auch durch einen Durchschwung aus, der etwas kürzer als der Rückschwung ist – ein Indiz für Ball-Kontrolle und Beschleunigung durch den Treffmoment hindurch. Denken Sie auch daran, die Füße nicht vom Boden abheben zu lassen – dies verhilft Ihnen zu mehr Gleichgewicht.

Es erfolgt so gut wie keine Gewichtsverlagerung, der Chip besteht „nur" aus einer leichten Körperdrehung und einem weichen Übergang vom Rück- in den Durchschwung. Graziös und rhythmisch ausgeführt, können Sie Flug und Ausrollen des Balles bestens kontrollieren.

Ein letzter Tip: Richten Sie Ihre Augen auf die Rückseite des Balles aus.

ZIELTRAINING: *Mit Gefühl für die Landezone*

Je aufrechter die Neigung des Schlägerblattes, desto flacher wird logischerweise die Flugkurve des Schlages ausfallen und desto weiter wird der Ball auf dem Grün ausrollen. Die Frage ist, wie der Ball, mit verschiedenen Schlägern gespielt, reagiert.

Nachfolgende Übung führt Ihnen das Verhältnis zwischen Flug- und Gesamtweite eines Schlages vor Augen. Stecken Sie – zwei bis drei Meter vom Grünrand entfernt – ein Tee in den Boden, das fortan Ihre Landezone markiert. Schlagen Sie nun Bälle mit verschiedenen Schlägern, vom Sandwedge bis zum Eisen 6 mit jeweils gleicher Schwungweite und -geschwindigkeit, so daß sie jeweils bei dem Tee aufkommen. Notieren Sie sich, wieweit die Bälle ausrollen.

Das Überzeugende an dieser Übung ist, daß Sie lernen, welche Schläge mit welchem Schläger möglich sind. Schläger mit mehr Loft lassen den Ball höher fliegen und schneller zur Ruhe kommen, weniger Schlägerblatt-Neigung bewirken eine flachere Flugkurve und ein längeres Ausrollen auf dem Grün.

Beim kontrollierten Chip geht es darum, den Ball so nah wie möglich an der zuvor festgelegten Landezone aufkommen zu lassen und zu wissen, wie der Ball – je nach Schlägerwahl – nach dem Aufkommen reagieren wird. Widmen Sie sich regelmäßig dieser Übung – Sie verbessern so Ihre Ballkontrolle und Ihr Vorstellungsvermögen zum Einschätzen von Spielsituationen.

FLUG UND ROLL: *Schlägerwahl*

Mit der Technik vertraut, ist der nächste Trainings-Schritt, mit verschiedenen Schlägern zu experimentieren und die Ergebnisse zu notieren. Versuchen Sie, den Ball mit einem gleichbleibenden, einfachen Schwung konstant sauber zu treffen. Beobachten Sie dabei, wie der Ball fliegt und ausrollt. So lernen Sie, Ihre Schläge zu berechnen – Erfahrungen, die Sie bei der späteren Schlägerwahl bestens einsetzen können.

Schläger mit weniger Neigung (Eisen 5, 6 und 7) bewirken niedrigere, weiter ausrollende Schläge, wobei natürlich immer die Bodenbeschaffenheit und Grüngeschwindigkeit berücksichtigt werden müssen. Schläger mit mehr Loft (Eisen 8, 9, Wedge und Sandwedge) lassen den Ball höher fliegen und kürzer ausrollen.

DIE TREFFMOMENT-ÜBUNG: *Ball hinten, Hände und Gewicht vorne*

Viele Golfer haben Probleme beim Spiel ums Grün, weil sie versuchen, den Ball in die Luft zu „löffeln", statt durch den Ball zu schlagen und sich darauf zu verlassen, daß der Neigungswinkel der Schlagfläche den Ball sowieso fliegen lassen wird.

Es ist daher sinnvoll, einige Bälle mit angehobener rechter Ferse zu schlagen. Dies fördert das Gefühl, im Treffmoment etwas vor dem Ball zu sein – ganz so, als spielten Sie aus einer Bergab-Lage heraus. (Übrigens – Chips aus einer Bergab-Lage sind stets eine gute Trainings-Möglichkeit!)

Nehmen Sie Ihre normale Chip-Ansprechposition ein (enger, offener Stand!) und verlagern Sie Ihr Gewicht nach links. Stellen Sie sich nun auf die rechten Zehen. Dabei sollten Sie spüren, wie das meiste Ihres Gewichts vom linken Bein gestützt wird (woran sich während des ganzen Schwungs nichts ändern sollte!). Sie kontrollieren die Schwungbewegung durch eine leichte Drehung von Schultern und Oberkörper, während Ihre Arme zunächst sanft zurück und dann zum Ball schwingen. Achten Sie auf ruhige Hände, während der Schläger in einer leichten Abwärtsbewegung durch den Ball geführt wird.

Wenn Ihre Chips beständiger und kontrollierter werden, müssen Sie nur noch die Landezone festlegen, von der aus der Ball zum Loch auslaufen wird.

CHIPPEN: *Was Sie beachten sollten*

EINSATZ DER HANDGELENKE

Eine Weile spielten die Tourspieler insbesondere kurze Chips mit dem Puttgriff, weil so ein übertriebener Einsatz der Handgelenke verhindert wird. (Mit abgewinkelten Handgelenken ist es unmöglich, die Flug- und Rollweite richtig abzuschätzen!) Um das Abwinkeln zu vermeiden, können Sie entweder dem Puttgriff vertrauen oder Ihre linke Hand schwächen (sie gegen den Uhrzeigersinn nach links drehen und den Schläger weit oben im Handballen greifen).

Außerdem sollten Sie an einen relativ kurzen Durchschwung denken, bei dem die Hände bis zum Finish vor dem Schlägerkopf bleiben. So beschleunigen Sie durch den Treffmoment hindurch und vermeiden ein „Löffeln" des Balles.

BALL ZU WEIT VORNE IM STAND

Aus einer richtigen Ansprechposition heraus ist jeder Standard-Chip ein wahres Kinderspiel. Zu Problemen kommt es, wenn Teilbereiche der Ansprechhaltung falsch sind, wobei oftmals die Ballposition eine entscheidende Rolle spielt. Um den Ball in einer leichten Abwärtsbewegung des Schlägerkopfes vom Boden zu „zwicken", müssen Sie etwas offen stehen, mit Händen und Gewicht vor dem Ball. Wenn Sie parallel zur Ziellinie ausgerichtet sind und der Ball zu weit vorne im Stand liegt, ist die Verlockung nahe, den Ball in die Luft zu „löffeln". Das Ergebnis sind dann getoppte oder fett getroffene, sprich schlechte Chips.

PITCHEN: *Kompakte Arm- und Körperbewegung*

Beim Chip verbringt der Ball mehr Zeit auf dem Boden als in der Luft, beim Pitch, der aus einer Entfernung von 30 bis 90 Metern zum Loch ausgeführt wird, ist es genau umgekehrt. Beim Pitch läßt ein Schläger mit viel Loft den Ball bis zum Loch fliegen, wo er nach der Landung „beißt“ und rasch zur Ruhe kommt.

Für mich ist der Pitch einer der schönsten – und effektivsten – Schläge im Golf. Ein guter Pitch-Spieler darf sich am Gefühl erfreuen, das Spielgeschehen zu beherrschen: Er ist nahe genug zum Grün, um den Schlag vom Anfang bis zum Ende verfolgen zu können; er kann spüren, wie der Ball die Schlagfläche verläßt; und er ist Zeuge, wie der Ball steigt und schließlich am Loch zur Ruhe kommt.

Gute Pitch-Spieler wissen die Flugweite des Balles zu kontrollieren. Sie erreichen dies dank einer kompakten Schwungtechnik, die ein enges Zusammenwirken von Armen und Körper auszeichnet. Mit anderen Worten: Arme und Körper sind verbunden, so daß Schwunggeschwindigkeit und Eintreffwinkel mit höchster Genauigkeit kontrolliert werden können.

Kontrollierte Körperarbeit, passive Hände – Wörter, die Sie sich verinnerlichen sollten. Machen Sie nicht den unter weniger versierten Golfern verbreiteten Fehler, den Ball mit einem starken Hand- und Handgelenk-Einsatz in die Luft heben zu wollen. Halten Sie Ihre Hände vielmehr „weich“ und passiv, während Sie die Schwungkontrolle der Drehbewegung des Körpers überlassen. Sie werden merken, daß Sie den Ball sehr kontrolliert pitchen können.

DER GRIFF: Im großen und ganzen handelt es sich beim Pitch um einen „Miniatur-Schwung", der daher nach dem Griff eines vollen Schlages verlangt. Ich möchte hier noch einmal die Bedeutung eines leichten, sensiblen Griffdrucks betonen, der es Ihnen erlaubt, den Schlägerkopf zu fühlen und die Handgelenke korrekt abzuwinkeln. Auch sollten Sie den Schläger eventuell einige Zentimeter kürzer greifen, um Ihr Gefühl – speziell bei sehr kurzen Schlägen – für die Dosierung der Weite zu verstärken.

DIE ANSPRECHPOSITION: Der Schlüssel zum Erfolg liegt beim Pitch darin, den Ball so anzusprechen, daß eine synchrone Arm- und Körperbewegung möglich ist. Um diese Voraussetzung zu schaffen, muß Ihr Körper im Verhältnis zur Ziellinie offen ausgerichtet sein (Füße, Knie und Hüften etwas mehr als die Schultern). Das Gewicht ist etwas nach links verlagert, der Ball in der Mitte eines relativ engen Standes plaziert. Denken Sie daran, Knie und Hüften in den Schlag miteinzubeziehen. Bei gebeugten Knien und einer gut ausbalancierten Körperhaltung sollten Ihre Arme so herab hängen, daß Sie die Hände etwas vor dem Ball halten können. Einem kontrollierten Schwung steht nun nichts mehr im Wege.

Variieren Sie während des Trainings, je nach erwünschter Schlagweite und Flugkurve, die Ballposition, die Standbreite und den Grad der Standöffnung. Nur so können Sie vielseitiger werden und für die verschiedenartigsten Spielsituationen gewappnet sein!

DIE SCHWUNGBEWEGUNG: Zu Beginn der Schwungbewegung drehen Sie Ihre Brust zunächst vom Ball weg, später wieder zum Ziel. Dabei lassen Sie Arme und Hände durch den Treffmoment schwingen. Drehen Sie langsam und schwingen Sie ruhig! Sie führen einen Miniatur-Schwung aus: Arme und Körper agieren gemeinsam, während Handgelenke reagieren und befreit abwinkeln, um den Schläger auf eine gute Schwungebene zu bringen und das Gefühl für eine flüssige Bewegung zu verstärken. Beschleunigen Sie sukzessive durch den Schlag, der Durchschwung ist dabei ebenso lang wie der Rückschwung.

Beim Pitch-Training geht es darum, ein Gefühl für einen soliden Schlag zu entwickeln, bei dem der Schlägerkopf den Boden streift und ein entsprechend nur dünnes Divot hinterläßt.

Bei nur geringer Gewichtsverlagerung versuchen Sie sich an einer „Dreh zurück und dann durch den Ball"-Bewegung, einem Schwung, bei dem sich der Schläger auf einer relativ geraden Linie auf und ab bewegt.

Lassen Sie mich an dieser Stelle die Bedeutung der Schlägerkopf-Beschleunigung durch den Ball hindurch betonen. Zum Ball hin dürfen Sie diese niemals verringern, noch dürfen Sie nach einem nur

kurzen Rückschwung zu hart beschleunigen. Versuchen Sie vor allem bei kürzeren Pitches, den Winkel des rechten Handgelenks durch den Schlag hindurch nicht zu verändern – so verhindern Sie ein zu frühes Nachgeben der Handgelenke. Schwingen Sie im Durchschwung ebenso weit vor wie im Rückschwung zurück – eine gute Methode, um Gefühl für das Schwungtempo aufzubauen und die Beschleunigung durch den Ball zu kontrollieren. Denken Sie hierbei an das Zifferblatt einer Uhr: Beim kürzeren Schlag schwingen Sie von 10 bis 2 Uhr, bei einem längeren Schlag von 11 bis 1 Uhr.

Gleichzeitig können Sie sich während des Pitch-Trainings auch am sogenannten „Tachometer"-Prinzip versuchen. Dabei variieren Sie das Tempo Ihrer Schwungbewegung, um die Schlagweite besser zu kontrollieren. In der Beschleunigung oder Verlangsamung liegt der Schlüssel zur exakten Kontrolle der Schlagweite. Stellen Sie sich bei einem 50-Meter-Pitch vor, den Ball mit einer Schwunggeschwindigkeit von 50 Stundenkilometern zu schlagen, einen 60-Meter-Pitch indes mit einem 60 km/h schnellen Schwung. Sie werden feststellen, daß die Veränderung der Schwunggeschwindigkeit Sie automatisch die Schwunglänge kontrollieren läßt. – Mit zunehmender Übungserfahrung wird das Abschätzen der Schlagweiten für Sie zu einer immer instinktiveren Angelegenheit!

KONTROLLE DER SCHLAGWEITE: *Vermessen Sie Ihre Wedgeschläge*

Sobald Sie die Grundtechnik des Pitchens beherrschen, ist es eine Frage der Übung, um die Flugweite des Balles durch die Schwunglänge kontrollieren zu können. Sie müssen schließlich wissen, welche Entfernung Sie mit dem Wedge am besten abdecken!

Die meisten Profis spielen heute mit drei Wedges (Pitching-Wedge mit 49 Grad Loft, Sandwedge mit 56 Grad Loft und Lob-Wedge mit 60 Grad Loft). Um gut ausgerüstet zu sein, sollten Sie diesem Beispiel folgen. Die verschiedenen Schlägerkopf-Neigungen wappnen Sie für jede erdenkliche Spiel-Situation: Sie erlauben es Ihnen, mit dem jeweils gleichen Schwung verschieden hohe und weite Schläge zu machen.

∆ Plazieren Sie den Ball hinten im Stand, um den Ball flach, und vorne im Stand, um ihn hoch zu schlagen. Ändern Sie auch die Schlägerblatt-Stellung.

Opfern Sie etwas Zeit, um festzustellen, wie weit Sie welchen Wedge schlagen. Danach können Sie es den Pros gleichtun, die ihren Entfernungs-Kenntnissen zahlreiche eingesparte Schläge verdanken.

Die beste Methode, sich über die Schlagweiten im Klaren zu werden, besteht darin, mit den verschiedenen Wedges einige volle Schläge zu machen und dann deren Durchschnittswerte abzumessen. Wie weit Sie einen Schläger im Idealfalle schlagen können, hat dabei keine Bedeutung, es bringt daher nichts, hart zu schwingen. Entscheidend ist die Schlagpräzision, denken Sie daher daran, die Schwunggeschwindigkeit durch die Körperdrehung zu kontrollieren, um Differenzen der Flugweiten möglichst gering zu halten.

Wenn Sie herausgefunden haben, wie weit Sie den Ball mit einem vollen Schwung schlagen, sind die Zwischenlängen an der Reihe. Also jene Entfernungen, bei dem Sie den Schwung dosieren müssen. Setzen Sie sich verschiedene Ziele, zu denen Sie abwechselnd hin pitchen. Stellen Sie fest, mit welchem Schwung Sie den Ball 40, 50 und 60 Meter weit schlagen. Wechseln Sie dabei den Schläger, um festzustellen, wie sich die Flugkurven dadurch verändern.

„Probieren geht über Studieren" lautet dabei das Motto. Schrecken Sie nicht vor Veränderungen Ihrer Ansprechposition zurück. Wenn Sie einen flachen, weiter ausrollenden Schlag machen möchten, plazieren Sie den Ball weiter hinten im Stand und schwingen bewußt etwas mehr nach innen zurück. Wollen Sie indes einen hohen, sanft landenden Schlag ausführen, so plazieren Sie den Ball weiter vorne im Stand, öffnen die Schlagfläche bei der Ballansprache und schwingen von außen nach innen.

Es gibt eine weitere, leistungsorientierte, Übung zur Überprüfung von Gefühl und Ballkontrolle. Setzen Sie sich zwei Markierungen, eine zehn und eine 50 Meter weit entfernt. Nun geht es darum, Bälle zwischen diesen beiden Entfernungsmarkierungen zu plazieren, wobei jeder Schlag etwas weiter als der vorherige sein sollte. Sobald ein Schlag kürzer als der vorangegangene ausfällt, ist das Spiel zu Ende. Mal sehen, wie lange Sie dem Druck standhalten!

PITCHEN: *Was Sie beachten sollten*

ZU PARALLEL AUSGERICHTETER KÖRPER

Bei einem guten Stand besteht die Technik beim Pitch darin, den Körper vom Ball weg und zum Ball hin zu drehen, um den Schlägerkopf entlang der Ziellinie zu schwingen. Die Bewegungsfreiheit ist aber eingeschränkt, wenn der Spieler zu parallel ausgerichtet ist. Er steht sich dann „selbst im Weg" und muß daher den Ball mit Händen und Armen zum Ziel steuern. Vergessen Sie nicht, daß Ihre Ansprechposition großen Einfluß auf Ihren Schwung hat. Im Verhältnis zur Ziellinie müssen Sie dabei mindestens um 20 bis 30 Grad offen ausgerichtet sein. Kurz gesagt: Es geht darum, bei der Ballansprache schon die Treffmoment-Position zu beziehen.

ZU LANGER RÜCKSCHWUNG

Das Verhältnis von Schwungweite und Schlaglänge ist ein fundamentales Element des kurzen Spiels. Auf jeden Fall zu verhindern ist ein langer Rückschwung, nach dem versucht wird, die Schlagweite durch eine Verringerung der Beschleunigung durch den Ball zu kontrollieren. Stattdessen sollten Sie sich auf eine gute Körperdrehung konzentrieren und die Schlagweite durch das Schwungtempo kontrollieren.

DAS SPIEL AUS DEM BUNKER: *Eine Frage der Einstellung*

Bei der Vorbereitung eines Grünanspiels sehen die Pros Bunker als ein harmloses Hindernis an. Im Zweifelsfalle ist es ihnen sogar lieber, im Grünbunker zu laden, als im Semi-Rough, aus dem die Ball-Reaktion schwer kalkulierbar ist. Warum aber sind die Profis so selbstsicher? Weil sie viele Trainingsstunden im Bunker verbracht haben und sich dort nun entsprechend sicher fühlen. Zudem kennen sie ihr Sandwedge ganz genau und wissen, wie sie es erfolgversprechend einsetzen können.

Lassen Sie mich kurz auf das Design des Sandwedges eingehen. Das Bild rechts zeigt Ihnen, daß die Schlägerkopfsohle abgerundet ist, wodurch beim gerade ausgerichteten Schläger die hintere Kante tiefer ist als die vordere, eine Differenz, die „Bounce" genannt wird. Je größer der Unterschied zwischen hinterer und vorderer Sohlenkante, desto größer der „Bounce".

Wenn nun die Schlagfläche – wie dies bei einem normalen Schlag aus dem Grünbunker der Fall ist – aufgedreht wird, erhöht sich der „Bounce". Diesen können Sie durch Griff und Schlägerblatt-Stellung im Treffmoment variieren, je nachdem, nach welchem Schlag Sandbeschaffenheit und Ball-Lage verlangen.

Der Schlag aus dem Sand ist der einzige im Golfspiel, bei dem es nicht darum geht, den Ball zu schlagen. Vielmehr gilt es, hinter dem Ball in den Sand und unter dem Ball hindurch zu kommen. Die Kunst des Bunkerschlages besteht darin, den „Bounce" zu nützen, um den Schlägerkopf unter dem Ball durch den Sand gleiten zu lassen. Beim Training geht es zunächst darum, herauszufinden, wieviel „Bounce" eine jeweilige Spielsituation erfordert.

DER GRIFF – Bevor Sie den Schläger greifen, ist die Schlagfläche zu öffnen. Es ist ein weitverbreiteter Fehler, den Schläger zunächst „normal", mit zum Ziel ausgerichteter Schlagfläche, zu greifen und die Schlagfläche erst dann durch das Drehen der Hände nach rechts zu öffnen. Diese Vorgehensweise führt unweigerlich dazu, daß die Schlagfläche im Treffmoment geschlossen wird und sich entsprechend tief in den Sand gräbt. Voraussetzung für einen guten Bunkerschlag ist die Stellung der Schlagfläche vor dem Greifen des Schlägers. Drehen Sie also die Schlagfläche um einige Grad nach rechts, so daß Loft und „Bounce" vorbestimmt sind. Greifen Sie erst dann den Schläger mit Ihrem ganz normalen Griff.

DIE ANSPRECHPOSITION: Als Ausgleich für die geöffnete Schlagfläche muß Ihr Körper im Verhältnis zur Ziellinie offen ausgerichtet werden. (Je nach erforderlicher Schlagweite um 30 bis 40 Grad.) Dabei gilt: Je kürzer der Schlag, desto offener der Stand. Plazieren Sie den Ball vorne im Stand, drehen Sie die Füße etwas in den Sand, beugen Sie Ihre Knie und verteilen Sie Ihr Körpergewicht gleichmäßig auf beide Füße.

DER SCHWUNG: Wenn Sie den offenen Stand eingenommen haben, bestimmt Ihr Körper die Schwungrichtung. Begehen Sie nicht den Fehler, sich nach links auszurichten und den Schläger dann steil wegzuschwingen. Dadurch zerstören Sie die kompakte Verbindung zwischen Armen und Körper, was einen zu steilen Eintreffwinkel zur Folge hat.

Sie zielen nun auf eine Stelle vier bis fünf Zentimeter hinter dem Ball, schwingen den Schläger entlang der Körperausrichtung zurück und lassen Ihre Handgelenke abwinkeln, um einen flüssigen Schwungrhythmus zu gewährleisten. Schwingen Sie den Schläger durch den Sand, während Sie nach unten gebeugt bleiben. Ball – und Sand – fliegen nun zum Ziel.

Überhaupt ist der Schwungrhythmus der Schlüssel zum Erfolg. Hilfreicher Trick: Drücken Sie die Füße fest in den Sand, während Sie zum Ziel schwingen und die geöffnete Schlagfläche unter dem Ball hindurch gleitet. Machen Sie einen fast vollen Schwung und verlassen Sie sich darauf, daß der Sand die Beschleunigung bremsen und überflüssige Energie absorbieren wird. Die Schlagweite wird nicht durch die Länge des Rückschwungs, sondern durch die Beschleunigung durch den Treffmoment, also auch die Länge des Durchschwungs, kontrolliert. Vergessen Sie aber niemals, den Schlägerkopf im Treffmoment unter den Ball hindurch zu beschleunigen.

Der Fünf-Punkte-Plan für die Standard-Bunkertechnik:

1. *Öffnen Sie die Schlagfläche und greifen Sie erst dann den Schläger.*
2. *Richten Sie sich in einem Winkel von etwa 30 Grad zum Ziel aus und drehen Sie Ihre Füße in den Sand, um einen stabileren Stand zu haben.*
3. *Zielen Sie auf einen Punkt 4 bis 5 Zentimeter hinter dem Ball.*
4. *Führen Sie den Schläger entlang der Körperausrichtung zurück, bleiben Sie im Treffmoment nach unten gebeugt und beschleunigen Sie den Schläger durch den Treffmoment hindurch.*
5. *Kontrollieren Sie die Schlagweite durch die Länge Ihres Durchschwungs.*

Wenn Sie diese Bunkerschlag-Regeln befolgen, wird Sie ein effizientes Spiel aus dem Sand belohnen. Verbannen Sie jeglichen Gedanken an ein Herausheben des Balles aus dem Sand. Konzentrieren Sie sich einzig auf die Beschleunigung der geöffneten Schlagfläche unter dem Ball hindurch, wobei der Sand als Energie-Puffer dient. Der Auftrieb des Balles ist nunmehr gewährleistet.

DER KLANG VERRÄT'S: *Schlagen, zuhören und lernen*

Bei Ihrer nächsten Trainingseinheit sollten Sie sich einige Minuten Zeit nehmen, um Bunkerschläge – ohne Ball – zu üben. Suchen Sie sich eine ebene Ball-Lage und üben Sie, im wahrsten Sinne des Wortes, den Sand zu klopfen. Schlagen Sie mit verschiedenen Schwunggeschwindigkeiten und spüren Sie, wie die geöffnete Schlagfläche vom Sand abprallt und jeweils ein flaches „Divot" hinterläßt. Ziehen Sie eine Linie in den Sand und versuchen Sie, diese bei jedem Schlag zu treffen – so verbessern Sie die Kontrolle des Schlägerkopfs im Treffmoment. Schlagen Sie den Sand zum Loch und hören Sie dabei auf das Geräusch.

Schon bald werden Sie alleine am Geräusch einen guten von einem schlechten Schlag unterscheiden: Ein vielversprechender, sonorer Klang wird einen besseren Schlag nach sich ziehen, als ein dumpfer Klang. Signalisiert ein dynamischer Klang doch, daß die geöffnete Schlagfläche korrekt in den Sand eindringt und wieder herauskommt, wobei der hintere Teil der Schlägerkopfsohle zuerst Sandberührung erfährt. Der „Bounce" wird somit voll genützt.

Machen Sie auch einige Schwünge mit geschlossenen Augen. So achten Sie verstärkt auf eine gute Technik und entwickeln einen beständigen Rhythmus. Nach einigen Minuten legen Sie einige Bälle in den Sand und machen nun die gleichen Schwünge – bei gleichem Schlag-Geräusch und -Gefühl.

Ich konzentriere mich beim Bunkerschlag gerne auf die Länge meines Durchschwungs. Arbeiten Sie daran, bei allen Schlägen einen relativ langen Rückschwung zu machen, so sichern Sie sich einen beständigen Schwungrhythmus. Wenn Sie den Ball weiter schlagen möchten, verlängern Sie den Durchschwung. Dadurch erhöhen Sie die Schlägerblatt-Beschleunigung. Machen Sie auf keinem Fall den Fehler, zu kurz zu schwingen und in den Sand zu prügeln.

Mit dieser Technik – und entsprechenden Schlagvarianten – können und sollten Sie alle nur erdenklichen Bunkerlagen trainieren. Verändern Sie die Lage des Balles von „schön und sauber" bis „schlimm und eingegraben". Versuchen Sie, den Ball hoch über die bedrohliche Bunkerkante zu schlagen, indem Sie die Schlagfläche unter den Ball hindurch ziehen, um Rückwärtsdrall zu erzeugen. Bei allen Schlagvarianten gilt das gleiche Prinzip: Geöffnete Schlagfläche und Nutzung des „Bounces", um den Sand unterhalb des Balles aus dem Bunker zu schlagen.

Sie brauchen es ja nicht gleich mit Gary Player, dem besten Bunkerspieler aller Zeiten, zu halten … Der nämlich verließ keinen Übungsbunker, ehe er nicht fünf Schläge gelocht hatte. Doch ein gewisser Trainingsaufwand unter Berücksichtigung der hier vorgestellten Richtlinien bewirkt in puncto Selbstvertrauen wahre Wunder.

DIE ÜBUNG MIT DEM BRETT:
Erlernen der Technik, Aufbau von Selbstvertrauen

Viele Spieler brauchen etwas Zeit, ehe sie sich auf dem „Bounce" des Schlägerkopfes verlassen, mit dessen Hilfe sie den Ball auf einem Sandteppich aus dem Sand schlagen. Folgende Übung hilft, Ängste zu überwinden und belohnt Sie schon bald mit dem erhabenen Gefühl eines guten Explosionsschlages.

Nehmen Sie ein kurzes Brett und graben Sie es – wie hier abgebildet – in den Sand. Bedecken Sie das Brett mit mindestens 3 Zentimeter Sand, ehe Sie einen Ball darauflegen und den Schlag vorbereiten. Mit dem Sandwedge beziehen Sie die Ansprechposition und führen einen Standard-Bunkerschlag aus. Der Schlägerkopf wird vom Brett abprallen, während eine Schicht Sand – und der Ball – mit einer sanften Schwungbewegung weggeschlagen wird. Haben Sie keine Angst! Machen Sie einen schönen, freien Schwung, schlagen Sie den Sand vom Brett, von dem der Schlägerkopf abprallt.

Entfernen Sie das Brett nach einigen Minuten und wiederholen Sie den gleichen Schwung bei gleichbleibenden Treffmoment-Gefühl. Achten Sie auf die geöffnete Schlagfläche, bevor Sie den Schläger greifen, und beschleunigen Sie durch den Sand hindurch.

SPEZIELLE BUNKERSCHLÄGE:
Das Geheimnis liegt in der „kontrollierten Aggression“

Dieser Situation begegnen Sie häufig: Bei einer guten Ball-Lage im Bunker steht die Fahne, kurz gesteckt und von einer hohen Bunkerkante verteidigt, nur wenige Meter vor Ihnen. Sie benötigen also einen Schlag, bei dem der Ball steil ansteigt und rasch stoppt. Sie müssen den Schlägerkopf zwar durch den Sand hindurch beschleunigen, wollen aber nicht, daß der Ball zu weit fliegt. Ich zeige Ihnen nun eine professionelle Problemlösung – den Schlag für den besseren Spieler.

Erstens öffnen Sie den Stand mehr als gewöhnlich. Richten Sie sich mindestens im 45-Grad-Winkel offen zum Ziel aus und plazieren Sie den Ball weiter vorne, gegenüber der linken Ferse, im Stand. Halten Sie Ihre Hände konsequent hinter dem Ball. Nachdem Sie die Schlagfläche weit geöffnet haben, schwächen Sie die Stellung Ihrer rechten Hand, sie muß deutlich über der linken liegen, wenn Sie auf sie herunterblicken. Diese letzte Anpassung erlaubt Ihnen, die Schlagfläche durch den Treffmoment hindurch offen zu halten und aggressiv durch den Sand zu schlagen.

Während Sie nun vor dem Ball stehen, denken Sie an Ihren Schwungrhythmus. Machen Sie einen fast vollen, aber gleichzeitig langsamen Rückschwung, von dessen Ende aus Sie in einen zwar kurzen, aber konsequenten Durchschwung beschleunigen. Die geöffnete Schlagfläche wird einen dünnen Sandteppich aus dem Bunker schlagen, auf dem der Ball – zeitlupentempohaft – kurz aus dem Bunker getragen wird.

Die geöffnete Schlagfläche ist dabei das erfolgverheißende Schwungelement. Beim Training dieses Schlages sollten Sie im Rückschwung die Schlagfläche aufdrehen, um den höchstmöglichen Loft zu gewährleisten. Im Treffmoment sollte die rechte Hand unter der linken hindurch schwingen, wodurch die Schlagfläche geöffnet bleibt und ein dünnes Sand-Divot erzeugen wird. In der Endhaltung zeigt die Schlagfläche zum Himmel.

SPIELEN SIE VON „FERN NACH NAH" – *und verbessern Sie Ihr Schlaggefühl*

Der amerikanische Ryder-Cup-Spieler Brad Faxon, ein guter Bunkerspieler, nützt eine sehr effiziente Übung, um aus dem Grünbunker die Kontrolle der Schlagweite zu verbessern. Er nimmt einen Eimer voller Bälle und versucht, den ersten Ball möglichst nah ans Loch zu spielen. Danach versucht er, jeden weiteren Ball etwas kürzer zu halten, bis der letzte Ball nur noch ganz knapp über die Bunkerkante fliegt. Das Spiel ist vorbei, sobald ein Ball näher zum Loch als der vorangegangene zur Ruhe kommt.

Mit dieser Übung freunden Sie sich rasch mit dem Verhältnis von Schwunggeschwindigkeit und Flugweite des Balles sowie dem Ball-Verhalten nach der Landung an. Konzentrieren Sie sich darauf, den Schläger durch den Sand hindurch zu beschleunigen und die Schlagweite durch die Länge des Durchschwungs zu kontrollieren. Es wird nicht lange dauern, bis Sie eine gewisse Schwungweite mit einer gewissen Durchschwung-Länge assoziieren. Dadurch verbessern Sie Ihr Gefühl für die Ballkontrolle.

SPEZIELLE BUNKERSCHLÄGE:
V-förmiger Schwung beim eingebohrten Ball

So, wie Sie mit einem U-förmigen Schwung die meisten Bunkerlagen meistern, ist ein etwas steilerer, V-förmiger Bewegungsablauf Ihre Geheimwaffe bei eingebohrten Bällen. Er erlaubt Ihnen, tief unter den Ball zu kommen und somit das Problem sprichwörtlich an der Wurzel zu packen.

Bei einem teilweise eingebohrten Ball, wie hier gezeigt, würde ich Ihnen zum Sandwedge, möglicherweise auch zum Wedge, raten. Diesmal wird die Schlagfläche square zum Ziel ausgerichtet. Sie möchten schließlich, daß sich der Schläger in den Sand gräbt – und nicht vom Sand abprallt. Vergewissern Sie sich, daß die vordere Kante rechtwinklig zur Ziellinie steht, wenn Sie den Schläger greifen. Auch der Stand ist diesmal square ausgerichtet, das meiste Gewicht lastet auf der linken Seite und der Ball wird von der Mitte des Standes gespielt.

Der Schwung sollte eine „Auf- und Abbewegung" darstellen, die entschlossen ausgeführt wird. Schwingen Sie den Schläger mit einem starken Abwinkeln der Handgelenke zurück (wodurch der Schwung steil wird), und schlagen Sie kraftvoll den Sand unter dem Ball hervor. Der Schlägerkopf wird sich in den Sand graben, während der Ball explosionsartig, aber kontrolliert, aus dem Bunker fliegt. Entsprechend kurz wird der Durchschwung sein. Der Ball wird weiter ausrollen als beim normalen Bunkerschlag, weil diesmal mehr Sand als gewöhnlich mit ihm herausgeschlagen wird.

Wenn Sie einem Schlag gegenüber stehen, bei dem der sandige Untergrund ungewöhnlich hart oder naß ist, sollten Sie zum Wedge, das weniger „Bounce" hat, greifen. Dessen schärfere Führungskante ermöglicht ein tieferes Graben unter den Ball. Beschleunigen Sie den Schwung entschlossen durch den Ball, bleiben Sie nach vorne gebeugt und berücksichtigen Sie ein weiteres Ausrollen des Balles.

BUNKERSPIEL: *Was Sie beachten sollten*

ZU KURZER RÜCKSCHWUNG

Es bedarf eines fast vollen, flüssigen Schwungs, um ausreichend Hebelwirkung zu erzeugen, die Sand und Ball aus dem Bunker befördert. Die Schwunggeschwindigkeit im Treffmoment bestimmt dabei die Schlagweite. Viele Amateure begehen aber den Fehler, einen zu kurzen Rückschwung zu machen, auf dem dann eine ruckartige Bewegung zum Ball folgt. Der Schlägerkopf verschwindet, ohne Rhythmus geschlagen, im Sand.

Worauf ich hinaus will? Sie brauchen keine Angst vor einem fast vollen, flüssigen Schwung zu haben! Der Schlag wird nicht zu lang ausfallen, weil der Sand die Schwungenergie abschwächt und absorbiert, solange Sie vor dem Ball in den Sand schlagen. Vergessen Sie nicht, die Schlagfläche zu öffnen (und während des Schwung offen zu halten), bevor Sie den Schläger greifen. Nun können Sie noch so aggressiv zu Werke gehen, der Ball wird trotzdem nur eine kurze Entfernung zurücklegen. Glauben Sie es mir!

GESTRECKTE BEINE IM ABSCHWUNG

Das „Aufstehen“ und Strecken der Beine im Abschwung ist ein weiteres Symptom für Angst, das mir zeigt, daß der Spieler die Technik nicht beherrscht. Wie beim vollen Schwung spielen die Knie eine entscheidende Rolle bei der Stabilisierung des Oberkörpers während der Schwungbewegung. Ihre Knie sind während des Ballansprache gebeugt. Es ist wichtig, diese Position bis zum Treffmoment beizubehalten, um kontrollieren zu können, wieviel Sand Sie mit dem Ball aus dem Bunker schlagen.

Taylor Made
Taylor Made

5

Das Training des Spiels

Ich werde oft gefragt, was Tour-Sieger von den Spielern unterscheidet, die im bezahlten Golfsportgeschehen unter der Rubrik „Mitläufer“ einzuordnen sind. Außerdem werde ich oft gebeten, in einer meiner weltweiten Golf-Akademien ein Urteil über das spielerische Potential eines Spielers abzugeben. Sein technisches Können spielt dabei sicherlich eine große Rolle, doch weitaus wichtiger sind für mich seine Einstellung zum Spiel, seine Denkweise und sein Drang, erfolgreicher zu werden. Schauen Sie während eines Turniers doch mal zur Driving-Range, dort stehen hundert talentierte Spieler, die allesamt das Potential zu Siegern haben. Sie alle schlagen perfekt getroffene Bälle, und jeder von ihnen ist vom Scheitel bis zur Sohle ein wahrer Champion. Trotzdem schaffen es nur ganz wenige nach ganz, ganz oben. Der kleine, aber feine Unterschied liegt in der Spielerpersönlichkeit, seiner mentalen Stärke und/oder seiner Selbstdisziplin.

Das gleiche Prinzip gilt für das Amateurgolf. Unabhängig seines spielerischen Könnens und seines Handicaps wird der Spieler nach oben kommen, der das Spiel im Sinne des Wortes zu spielen weiß. Dieser Spieler bereitet sich auf die bevorstehenden Herausforderung vor, denkt auf dem Platz strategisch und läßt sich durch nichts von seinem Weg abbringen. Kurz gesagt: Dieser Spieler kann die Theorie auch in der Praxis anwenden.

VOM „TRAINIEREN“ UND „VERTRAUEN“

„Trainieren“ und *„Spielen“* sind zwei völlig verschiedene Dinge. Überlegen Sie doch selbst ... Auf der Driving-Range haben Sie bei jedem Schlag einen perfekt ebenen Stand und eine saubere Ball-Lage. Keine Hindernisse gilt es bei der Schlagvorbereitung zu berücksichtigen, noch drohen Strafschläge, wenn ein Ball schlecht getroffen wird. Und wenn es doch mal einen Fehlschlag gibt, ist er vergessen, noch bevor der nächste Ball aus dem Körbchen zurecht gelegt ist. Natürlich gehen Sie mit einer gewissen Erwartungshaltung an die Trainingsarbeit, doch ohne Scorekarte in der Hand und ohne einschüchternden Gegner zur Seite erfreuen Sie sich an Flugkurven und Schlagweiten Ihrer Bälle.

Im krassen Kontrast dazu steht die eigentliche Realität dieses Spiels. Ein jeder Golfplatz stellt eine ereignisreiche Herausforderung dar, die Ihre Konzentrationsfähigkeit über 18 Löcher einem harten Test unterzieht. Auf dem Platz, der sich selten zweimal auf die gleiche Weise spielt, werden Sie mit ständig wechselnden Rahmenbedingungen konfrontiert, und wenn es auch nur der Wind ist, der mal vom Norden, mal vom Süden weht. Sie suchen sich auf dem Abschlag zwar noch eine schöne, ebene Stelle – doch dann beginnt auch schon das Lotteriespiel. Sie können den Ball noch so gut treffen, wie er am Ende landet oder ausrollt, steht außerhalb Ihres Einflusses. Sie haben gegen unebene Ball-Lagen zu kämpfen und werden mit Hindernissen, wie Ausgrenzen, Teiche oder Bunker, konfrontiert. Alles Nerven und Geduld belastende Rahmenbedingungen, die auf der Driving-Range keine Rolle spielen.

Wenn ich hier gedankliche Anleihe beim bekannten Sportpsychologen Dr. Bob Rotella nehmen darf, so zeichnet einen erfolgreichen Spieler die Erkenntnis aus, daß Golf kein Spiel für Perfektionisten ist. Beim Golf-Training testen Sie Ihr technisches Können, beim Spiel auf dem Platz die Qualität Ihrer Vorbereitung, Ihre mentale Stärke und Ihre Belastungsfähigkeit. Der dort auf Sie ausgeübte Streß kann verschiedene Ursprünge haben: Ihre Mitspieler, der Streß, nicht verlieren zu wollen oder die Angst, vor Freunden als Versager dazustehen. Die Teilnahme an wichtigen Turnieren kann Druck ausüben: Nach langer, harter Arbeit möchten Sie nun die Früchte ernten. Druck kann aber auch von einem selbst ausgehen, wenn man sich einer zu hohen Erwartungshaltung aussetzt, die gleich wieder Nährboden für negative Gedanken sein kann. „Drei Pars zum Abschluß und ich spiele neuen persönlichen Rekord“ ist beispielsweise eine schlechte Denkweise, weil Sie nicht einmal den übernächsten Schlag, geschweige denn die nächsten drei Löcher beeinflussen können. Es gilt, in der Gegenwart zu bleiben – ein Aspekt, auf den ich später noch einmal eingehen werde.

In der sterilen Umgebung einer Driving Range spielen all diese Faktoren keine entscheidende Rolle. Ganz anders auf dem Platz. Solange Sie sich nicht darauf konzentrieren, einen Schlag nach dem nächsten zu machen, werden Sie nicht Ihr ganzes Potential ausschöpfen können. Um das auf der Driving-Range Erlernte auf dem Platz sinnvoll anwenden zu können, müssen Sie auf Ihr Können vertrauen. Hierfür wiederum müssen Sie zuvor nicht nur technisch-orientiert an Ihrem Golfschwung arbeiten, sondern auch an Ihrer Kreativität und Ihrer mentalen Stärke.

Eigentlich müssen Sie lernen, das Spielen zu trainieren. Der Weg von der „Trainings-Mentalität“ zur „Spiel-Mentalität“ führt über eine realistische Strategie, die es Ihnen erlaubt, Spiel-Situationen auf der Driving-Range vorzubereiten. Sie müssen Ihre Gedanken positiv programmieren, damit Sie später vertrauensvoll auf die Herausforderungen des Platzes reagieren können. Dies erreichen Sie beispielsweise, indem Sie die Ball-Lagen auf der Driving-Range variieren, nach dem Zufallsprinzip abwechselnd mit verschiedenen Schlägern trainieren und sich eine effiziente Schlagvorbereitungs-Routine erarbeiten. Diese und zahlreiche andere Trainings-Techniken, die ich in diesem Kapitel vorstellen werde, haben einen Sinn: Ihre Gedanken wach zu halten. Viele der nachfolgenden Übungen haben bei Tourspielern zum Erfolg geführt. Ich hoffe, daß auch Sie sie in Ihren Trainingsplan mit einbeziehen werden, um künftig erfolgreicheres Golf zu spielen.

POSITIVE GEDANKENSPIELE

Warum arbeiten Tourspieler so hart daran, gute Angewohnheiten auch im Training konsequent zu wiederholen? Ganz einfach – weil Sie nicht an komplizierte Mechanismen oder mechanische Abläufe denken möchten, wenn Sie am letzten Loch einer Meisterschaft das Eisen 4 durch eine enge Schneise über ein Wasserhindernis aufs Grün schlagen müssen. In solchen Situationen schalten diese Spieler auf „Autopilot" um und agieren instinktiv so, wie sie dies zuvor trainiert haben. Ich bin im ersten Kapitel dieses Buches ausführlich auf die Bedeutung der Schlagvorbereitungs-Routine eingegangen, seitdem habe ich zu diesem Thema noch viel erzählt. Dennoch möchte ich hier diesen Punkt noch einmal hervorheben. Ein guter Schwung ist das instinktive Ergebnis einer Gewohnheit, die zuvor im stundenlangen Training erarbeitet wurde. Eine solide Schlagvorbereitungs-Routine ist die beste Waffe, um auf dem Platz auf einen guten Schwung vertrauen zu können. Denn ein Schlag beginnt schon lange vor der Schwungbewegung, nämlich dann, wenn Sie sich dem Ball nähern.

△ Analysieren Sie den bevorstehenden Schlag. Setzen Sie sich ein Ziel und malen Sie sich die Flugkurve gedanklich aus.

Eine gute Routine ist eine natürliche Routine. Auch wenn jeder Spieler seine individuellen Vorlieben haben kann, so muß die Routine doch stets beständig bleiben. Es ist wenig erfolgversprechend, sich auf einen Schlag zehn, auf den nächsten indes 40 Sekunden lang vorzubereiten. So reflektieren Sie nur Unsicherheit oder Konzentrationsmängel – beides Faktoren, die unbeständige Schläge nach sich ziehen. Mir gefällt es auch nicht, wenn einer meiner Spieler mit dem Driver viermal wagglet, mit dem Eisen 5 aber nur einmal. Ein sich wiederholender Schwung verlangt nach einer sich wiederholenden Vorbereitungs-Routine. Unabhängig davon, mit welchem Schläger Sie spielen, nur eine konstante Vorbereitungs-Routine befähigt Sie, sich auf den Schlag zu konzentrieren und entspannt vor dem Ball zu stehen. Winzige Abweichungen von der Norm sind dabei vertretbar, weil sie in der menschlichen Natur begründet liegen. Größere Veränderungen aber verursachen zumeist größere Probleme.

Streng betrachtet beginnt die Schlagvorbereitungs-Routine, wenn Sie den Schläger aus der Tasche nehmen – obwohl Sie zu diesem Zeitpunkt natürlich schon zahlreiche zu berücksichtigende Informationen gesammelt haben. Zunächst betrachten Sie Schlagfaktoren wie Entfernung zum Ziel, Ball-Lage und Windstärke/-richtung, die alle die Flugkurve des Balles beeinflussen könnten. Wenn all diese Daten in Ihren gedanklichen Computer eingegeben sind, können Sie die spielstrategische Entscheidung und die Schlägerwahl treffen. Schließen Sie einen Pakt mit sich selbst, niemals einen Ball anzusprechen, ohne sich zuvor über die Schlägerwahl im Klaren zu sein. Unentschlossenheit bei der Schlägerwahl zieht fast immer zu einem schlechten Schlag!

Nach all diesen Vorbereitungen beginnt mit einem letzten Blick zum Ziel der Schwung-Countdown. Im Idealfall haben Sie sich angewöhnt, sich direkt hinter den Ball zu stellen, so daß

Sie sich den auszuführenden Schlag bildlich ausmalen können. So wie sich der Hochspringer auf die Höhe konzentriert und vor seinem geistigen Auge sieht, wie er über die Stange fliegt, müssen auch Ihre Golf-Gedanken ausschließlich auf Erfolg ausgerichtet sein.

Nun ist es an der Zeit, ein Ziel zu setzen, zu dem der Ball geschlagen werden soll. Beim Abschlag sollten Sie sich angewöhnen, sich ein hochstehendes Ziel zu suchen, wie beispielsweise eine Baumkrone oder ein Schornstein in der Ferne. Aus psychologischer Sicht ist es nämlich weitaus weniger belastend, ein präzise definiertes, möglichst kleines Ziel anzupeilen, als einen breiten Fairway, den es irgendwo in der Mitte zu treffen gilt. Zudem läßt Ihnen ein kleines Ziel weniger Spielraum für Fehler, dementsprechend gut wird Ihr Körper darauf reagieren. Vergewissern Sie sich aber, ob das gesetzte Ziel Ihrer natürlichen Ballflug-Tendenz, wie Draw oder Fade, entspricht. Auch sollten Sie das Ziel so deutlich vor dem geistigen Auge haben, daß Sie es auf Anfrage detailliert beschreiben können.

Die meisten Spieler, mit denen ich arbeite, gehen gar noch einen Schritt weiter. Sie setzen sich vor dem Ball noch ein Zwischenziel, beispielsweise ein altes Divot oder ein Fleckchen Erde, auf das sie sich ausrichten. Jack Nicklaus baute während seiner ganzen Karriere auf diese Technik und wenn Sie ihn heute beobachten, werden Sie feststellen, daß er mehrmals zu diesem Zwischenziel blickt, ehe er auf den Auslöser drückt und den Schwung beginnt. Seine Begründung ist plausibel: Es ist weitaus einfacher, sich auf ein Ziel nur wenige Meter vor dem Ball zu konzentrieren, als auf eine weit entfernt stehende Fahne. Ein weiterer, überlegenswerter Aspekt …

Sobald Sie ein klares Bild vor Augen haben, nähern Sie sich halbkreisförmig dem Ball, sprechen ihn an, indem Sie sich parallel zur Ziellinie ausrichten, und denken konsequent an das Zwischenziel. Sobald die Schlagfläche korrekt ausgerichtet ist, vollenden Sie Griff und Stand. Einige Spieler stellen sich erst mit geschlossenen Füßen vor dem Ball, der in der Mitte des Standes liegt, rücken dann den linken Fuß zurecht, womit Sie auch die Ballposition bestimmen. Am Ende stellen

∇ *Halten Sie das Bild des Ziels vor Ihrem geistigen Auge, während Sie den Ball ansprechen.*

Sie den rechten Fuß in die gewünschte Standbreite. Andere Spieler stellen den rechten Fuß etwas nach vorne, während sie die Schlagfläche ausrichten, und bringen dann den linken Fuß in Stellung. Wie auch immer Sie die Schlagvorbereitungs-Routine durchlaufen – sie muß beständig sein. Außerdem müssen bei einem vollen Schlag Füße, Knie, Hüften und Schultern parallel zur Ball-Ziel-Linie ausgerichtet sein. Sobald Sie das Gefühl haben, den Ball korrekt anzusprechen, beginnt die gedankliche Vorstellung des Schlages, für die Sie das Zwischenziel nützen, über das der Ball zum Ziel starten soll. Zuguterletzt ist das Wagglen der beste Weg, den Schwung-Motor zu starten.

Das Wagglen ist wichtig, um die Arme zu entspannen und Ihnen eine klare Vorstellung zu vermitteln, wie und wohin der Schläger zu Beginn der Schwungbewegung vom Ball weggeführt wird. Außerdem gibt es Ihnen ein Gefühl für den Schlag, den Sie ausführen möchten – ob nun Fade oder Draw. Ich persönlich sehe es gerne, wenn ein Spieler einige Waggles mit dem Schläger macht und dabei zum Ziel blickt. Dann, wenn die Augen wieder auf den Ball gerichtet sind, starten Sie mit einem leichten Forward-Press, einem kleinen Knicks mit dem rechten Knie oder einer geringfügigen Drehung des Kopfes den letzten Schwung-Auslöser.

Denken Sie an die großen Spieler und ihre Gewohnheiten, die teilweise zu ihren Markenzeichen wurden; an Spieler wie Gary Player (der zu Schwungbeginn immer einen kleinen Knicks mit dem rechten Knie macht), Jack Nicklaus (der zu Beginn der Schwungbewegung stets den Kopf wegdreht) oder an Nick Faldo (der immer etwas an seiner Hose zupfte und zwei kleine Waggles macht). Sie alle unterstreichen die Bedeutung und den Wert von guten Gewohnheiten. Auch Tom Watson ist ein Spieler, der immer einige Waggles macht. Es geht beim Waggle darum, vor dem eigentlichen Schwung eine natürlich wirkende Bewegung zu machen, die Anspannung vereitelt und den Schwung sanft und rhythmisch starten läßt.

∇ *Richten Sie die Schlagfläche sorgfältig zum Ziel aus und beenden Sie Ihre Schlagvorbereitungs-Routine, indem Sie Füße, Hüften und Schultern parallel zur Ziellinie ausrichten.*

Diese persönlichen Rituale gehören nicht nur zu Golfern. Tennis-Legende Ivan Lendl warf vor jedem Aufschlag den Ball genau siebenmal auf den Boden. Dies war seine Schlagvorbereitungs-Routine. Während er den Ball siebenmal aufspringen ließ, konnte er sich auf das „War schon mal, kennen wir schon"-Gefühl konzentrieren. Ebenso haben Fußballer bei jedem Elfmeter eine individuelle Art des Anlaufens zum Ball und Basketballer eine jeweils individuelle Weise, Freiwürfe auszuführen. Sie dribbeln einige Male mit dem Ball, um sich zu beruhigen und gleichzeitig dem Muskelgedächtnis den Bewegungsablauf in Erinnerung zu rufen, den sie zuvor tausende Male trainiert haben.

Es liegt an Ihnen, Ihr eigenes Markenzeichen zu entwickeln. Sobald Sie sich eine Schlagvorbereitungs-Routine erarbeitet haben, ist diese ebenso konsequent zu trainieren, wie die Schwungtechnik. Denken Sie zwischen zwei Schlägen an sie, treten Sie zwei, drei Schritte zurück und legen Sie fest, welchen Schlag Sie ausführen möchten, geben Sie Ihren Gedanken etwas Positives mit auf den Schwungweg – und durchlaufen Sie Schritt für Schritt Ihre Vorbereitungs-Routine.

Letztendlich geht es bei all dem um ein systematisiertes, standardisiertes Verhalten. Eine diszipliniert eingehaltene Schlagvorbereitungs-Routine hilft Ihnen nicht nur bei der Druck- und Streßbewältigung, sondern läßt Sie auch den Schlag wiederholen, den Sie zuvor trainiert haben. Last, aber wohl nicht least, ist bei jedem Schlag der gleiche Zeitrahmen einzuhalten und sind einige persönliche Neigungen zu berücksichtigen. Dies ermöglicht Ihnen, sich zu entspannen und eine rhythmische Schwungbewegung zu wiederholen. Wann auch immer etwas Ihre Schlagvorbereitungs-Routine unterbricht oder Ihre Gedanken stört, sollten Sie vom Ball wegtreten und den Schwungaufbau neu beginnen. Diese Sorgfalt und Aufmerksamkeit wird Ihnen nicht nur mit besseren – und somit weniger – Schlägen entlohnt, sondern auch mit entsprechend niedrigeren Scores und einem somit schnelleren Spiel.

∇ *Wagglen Sie mit dem Schläger und bereiten Sie sich auf die Schwungbewegung vor.*

SPIELEN SIE DEN IMAGINÄREN PLATZ:
Positive Bilder, positive Gedanken

Auf der Driving-Range mit dem gleichen Schläger Ball für Ball zu schlagen, mag ein akzeptables Trainingsverhalten sein, sofern Sie an einem speziellen technischen Element arbeiten. Mit dem Spiel auf dem Platz ist diese Fleißarbeit aber nicht vergleichbar. Wie sollte es auch? Es ist gut für das Muskelgedächtnis, wenn Sie mit dem gleichen Schläger Bälle von der gleichen, ebenen Stelle schlagen. Aber es fördert weder Ihre Phantasie, noch lehrt es Geist und Körper, den Ball zu einem Ziel zu schlagen – allesamt Aufgabenstellungen, die auf dem Platz gefordert werden.

Es gibt eine sehr effiziente Übung, um auf der Driving-Range spielerisches Können zu entwickeln. Es handelt sich dabei um die mentale „Schlag sehen, Schlag spielen"-Übung, die ich schon kurz im ersten Kapitel vorgestellt habe. Dabei geht es darum, sich Löcher und realistische Spiel-Situationen bildlich vorzustellen.

Mit Hilfe einer Birdiekarte – und etwas Phantasie – können Sie so eine ganze Golfrunde spielen, ohne die Driving-Range zu verlassen. Dergestalt führen Sie während des Trainings alle Schläge aus, die Sie später auf dem Platz benötigen werden. Gehen Sie dabei wie folgt vor: Stellen Sie sich vor, Sie stünden auf dem ersten Abschlag Ihres Heimatclubs. Nehmen Sie nun den Schläger, mit dem Sie dort immer den ersten Schlag ausführen, durchlaufen Sie Ihre gewohnte Schlagvorbereitungs-Routine, lassen Sie den Schlag vor Ihrem geistigen Auge ablaufen und bringen Sie dann den Ball ins Spiel. Sobald er in der Luft ist, hilft Ihnen Ihre Phantasie bei der Abschätzung, wo er im „richtigen Spiel" gelandet wäre. Berechnen Sie nun die verbleibende Entfernung zum Grün und nehmen Sie den entsprechenden Schläger. So spielen Sie Schlag für Schlag, bis Sie schließlich das 18. Grün erreichen.

Wenn Sie dieser Übung ernsthaft nachgehen und sich für jeden Schlag konzentrieren, wird die Runde nach etwa 30 Minuten beendet sein (wobei Sie das Putten aussparen). Sie sind nun ganz mit dem Platz vertraut. Statt eine halbe Stunde gedankenlos Bälle zu schlagen, haben Sie sich nun äußerst effizient für das Spiel aufgewärmt. Besonders geeignet ist diese Übung für Spieler, die Tendenz haben, zu technisch zu denken. Ich würde jeden Spieler raten, als Abschluß der Aufwärmphase mindestens die ersten drei oder vier Löcher gedanklich durchzuspielen. Es erleichtert Ihnen den späteren Start in die Runde …

▷ *Training bei Musik hilft einigen Spielern, Ihren Rhythmus zu festigen – insbesondere im kurzen Spiel.*

Das gedankliche Hinein-Versetzen in realistische Spielsituationen hilft Ihnen auch, Druck standzuhalten und Ängste vor gewissen Löchern oder Schlägen zu überwinden. Angenommen, Sie fürchten sich vor der Aus-Grenze links des kurzen 14. Loches. Wenn Sie sich dieses Loch nun zuvor auf der Driving-Range bildlich vorgestellt und den Abschlag wiederholt in Gedanken erfolgreich ins Spiel gebracht haben, werden Sie später, wenn Sie wirklich am 14. Abschlag stehen, vertrauensvoller zu Werke gehen. So werden Sie zu einem besseren Spieler.

Je öfter Sie sich im Training Streßsituationen (Abschlag an einem links vom Aus verteidigtem Loch; Langes Eisen auf ein kleines Inselgrün; Von links nach rechts brechender Ein-Meter-Putt zum Gewinn der Clubmeisterschaft) aussetzen, desto besser werden Sie vorbereitet sein, wenn es Sie auf dem Platz mal „eiskalt" erwischen sollte. Bei dieser Trainingslektion geht es darum, die Verbindung zwischen Geist und Körper zu intensivieren.

Ähnlich können Sie sich auch zuhause Gutes tun. Johnny Miller zum Beispiel erzählte oft, daß er sich vor einem Turnier zurückzog, die Augen schloß und sich in den Wettkampf hineinträumte. Dabei stellte er sich gute Runden vor und spürte förmlich die Wettkampfatmosphäre, die erst tags darauf auf ihn wartete. So versetzte er sich in Siegeslaune und schuf die mentale Voraussetzung, um sein bestes Golf zu spielen. Alle „Déjà-Vu"-Erlebnisse können auch für Ihr Spiel von Nutzen sein. Es kann motivierend wirken, Golfbücher zu lesen und -videos anzusehen. Der Traum vom persönlichen Rekord-Score in der Nacht vor dem Turnier kann Sie auf den Erfolg vorbereiten. Denn all dies hinterläßt positive Bilder in Ihrer Gedankenwelt.

Ich habe auch erlebt, daß bei Schülern das Training zu Musik großartige Ergebnisse brachte. Mit Hilfe von entspannender Walkman-Rhythmen ließ sich ein gutes Schwungtempo finden und dieses stets wiederholen, worauf sich die Spieler ganz auf das Schwingen des Schlägerkopfes konzentrieren konnten. Andere helfen sich, indem sie vor sich hin summen oder pfeifen. Fuzzy Zoeller und Mark McCumber pfeifen oder summen, um während der Runde Druck abzubauen, den Rhythmus zwischen den Schlägen zu konservieren und entspannt zu bleiben.

Einige der amerikanischen Tourspieler benützen insbesondere auf dem Putting-Grün ein Metronom (ist in jedem Musikladen günstig erhältlich). Es hilft ihnen, den Rhythmus zu finden und zu wiederholen. Ob der nun schnell oder langsam ist, spielt keine Rolle. Wichtig ist, daß sie den Rhythmus bei jedem Schlag beständig wiederholen. Das Metronom hilft auch Ihnen bei der entsprechenden Kontrolle. Ihr persönlicher Rhythmus droht, sich unter Druck zu verändern. Sie mögen dann hektischer werden, schneller schwingen oder auch plötzlich vier statt zwei Probeschwünge benötigen. Was auch immer Sie tun, um Ihren monotonen „eins – zwei"-Rhythmus zu verinnerlichen, es ist gut für Ihr Spiel. Probieren Sie es aus!

UM ENTSPANNT ZU BLEIBEN: *Achten Sie auf Ihre Atmung*

Jeder Spieler hat so seine Erwartungshaltung – ob er nun unter 100, 90, 80 oder 70 spielen möchte. Wir fühlen uns gut, wenn eine Runde im normalen Rahmen verläuft oder im Handicap-Bereich bewältigt wird. Doch was passiert, wenn wir mit dem erreichbaren neuen persönlichen Score-Rekord konfrontiert werden? Plötzlich wird es unbehaglich, denn man bewegt sich außerhalb der „Komfort-Zone“ und beginnt, an sich selbst zu zweifeln. Bei vielleicht noch vier oder fünf zu spielenden Löchern wird man plötzlich unkonzentriert. Man verläßt die Gegenwart und schweift in die Zukunft ab. Die positive Einstellung, die einem in diese Situation gebracht hat, ändert sich mit zunehmenden Druck: Sie spiegelt die Furcht vor dem greifbar nahen Ergebnis wieder.

Um ein gutes Spiel über 18 Löcher zu halten, bedarf es Entspannung. Sobald Sie sich angespannt und ängstlich fühlen, droht die Gefahr, daß Sie zwischen den Schlägen hektischer werden, schneller gehen und die Schlagvorbereitungs-Routine abkürzen. Allesamt typische Symptome des Drucks, der Sie aus Ihrer persönlichen „Komfort-Zone“ heraus reißt. Es ist wichtig, daß Sie diese Alarmsignale erkennen und ihnen entgegenwirken.

Eine einfache und zugleich effiziente Möglichkeit, Rhythmus und Tempo auf dem Platz zu kontrollieren, ist die Konzentration auf die Atmung. Ich habe schon im ersten Kapitel erklärt, wie Sie mit einer speziellen Atemtechnik die Anspannung vor dem ersten Abschlag überwinden können. Das gleiche Prinzip gilt in jeder Streßsituation. Sobald Sie sich unter Druck gesetzt fühlen, spannen sich die kleinen Muskeln an, erhöht sich der Puls, versteift sich der Körper und Sie beginnen über Ihr Tun nachzudenken. Langsam, aber stetig, untergraben all diese Reaktionen die Harmonie Ihres Schwungs. Eine Serie von kontrollierten Atemübungen kann da Wunder bewirken!

Versuchen Sie es auf der Driving-Range ... Sprechen Sie einen Ball an und atmen Sie während des Waggles tief ein. Während der Schwungbewegung atmen Sie, beginnend mit der Einleitung des Rückschwungs, dann tief aus. Kontrollieren Sie die Schwunggeschwindigkeit durch ein sanftes Ausatmen. Konzentrieren Sie sich auf nichts anderes als Ihre Atmung, während Sie einige Bälle schlagen.

Diese Technik funktioniert bei jedem Schlag, insbesondere bei denen rund ums Grün. Sie ist ein guter Abwehr-Mechanismus gegen drohende Anspannung. Die Atemübung hilft, Ihre Gedanken vom Score fern zu halten und hält Ihren Körper so entspannt, daß er einen guten Schwung ausführen kann. Es gilt dabei, sich jeweils nur auf den unmittelbar bevorstehenden Schlag zu konzentrieren.

Das tiefe, bewußte Atmen dient auch der Entspannung zwischen zwei Schlägen. Ich kenne Spieler, die sich auf den letzten Löchern eines Turniers auf nichts anderes als Ihre Atmung konzentrieren, während sie von Schlag zu Schlag marschieren. Dies vermittelt ihnen das Gefühl, Gedanken und Körper unter Kontrolle zu haben, wenn Sie zu ihrem Ball kommen.

Körperhaltung und -sprache verraten viel über Ihren Gemütszustand. Spieler, die mit hängenden Schultern und gesenktem Kopf zum Ball gehen, haben normalerweise bereits das Handtuch geworfen. Spieler, die aufrecht und selbstbewußt über den Platz schreiten, vermitteln ein positives Bild. Ihre Körpersprache verrät, daß sie sich gut fühlen und die Arbeit bis zum letzten Putt gut verrichten möchten. Auch, wenn mal nicht alles nach Plan verläuft, sollten Sie Haltung bewahren und daran denken, daß gutes Golf ebenso viel mit einer guten Einstellung wie mit einem guten Schwung zu tun hat.

SPIELE, DIE SIE SPIELEN SOLLTEN:
Phantasie testen, Druck erzeugen

Als Ergänzung zu Ihrem Training auf der Driving Range und Ihren Heim-Übungen können Sie auch auf jeder Runde sehr viele nützlichen Erfahrungen sammeln, weil Sie dort mit echten Spiel-Situationen konfrontiert werden und dabei Ihr mentales und körperliches Können testen. Es gibt mehrere Trainings-Spiele, beim einfachsten geht es darum, mit zwei Bällen zu spielen und sie gegeneinander antreten zu lassen. Dadurch schaffen Sie eine Lochspiel-ähnliche Situation: Sie setzen sich selbst unter Druck und bekommen vor Augen geführt, ob Ihr Schwung diesem standhält. Bessere Spieler gehen dabei noch einen Schritt weiter. Sie überprüfen Ihr Schlagrepertoire, indem Sie mit Draw gegen Fade spielen oder spezifische Schläge festlegen, die es auszuführen gilt.

Eine andere Möglichkeit, unter Wettkampfbedingungen zu trainieren ist das „Schlechtest-Ball"-Spiel. Sie schlagen zwei Bälle vom Abschlag und spielen dann zwei Bälle von der Stelle, wo der schlechtere der beiden Drives lag. (Der Bessere wandert zurück in die Golftasche). So geht es weiter bis zum Loch, wo Sie dann Ihren Score notieren. Alternativ können Sie festlegen, an allen Par-4- und -5-Löchern höchstens mit dem Eisen 5 abzuschlagen. Dies ist eine gute Übung für Spieler, die normalerweise auf kurzen Plätzen spielen. Denn so werden sie gezwungen, ausnahmsweise längere Eisen oder gar Hölzer ins Grün zu schlagen.

Sie können auch mal nur mit drei oder vier Schlägern auf die Runde gehen, um zu sehen, welchen Score Sie so nach Hause spielen. Hier ist dann Phantasie und Flexibilität gefordert, denn in Ermangelung des eigentlich benötigten Schlägers gilt es Schläge zu erfinden, mit der Sie die Situation meistern – eine Kunst für sich, die jeder Golfer beherrschen sollte. Das Ergebnis wird Sie überraschen. Viele „Drei-Schläger-Turniere" werden mit besseren Scores gewonnen, als „normale" Wettkämpfe. Denn erstens werden Spieler dabei nicht in Versuchung geführt, zum Driver zu greifen. Und zweitens müssen sie beim Grünanspiel mehr über Entfernungen und Landezonen nachdenken.

Diese Übung zeigt Ihnen, daß gute Scores auf verschiedene Weise erzielt werden können. Zudem lernen Sie, daß gute Scores keine ausschließliche Frage des guten Schwungs sind – eine Selbstvertrauen steigernde Erkenntnis.

Die Kontrolle der Schlagweite ist ein bedeutsamer Faktor auf Ihrem Weg zum „richtigen" Golfer. Mit leichterem Schwung geschlagene Eisen und Punch-Schläge lehren Sie, den Ball zu kontrollieren. Vernachlässigen Sie daher auf der Driving-Range diese Schläge nicht. Um seine Ballkontrolle zu testen, schlug Sam Snead stets fünf verschiedene Schläger zur gleichen Distanzmarkierung. Zunächst schlug er das Eisen 7 135 Meter weit, dann versuchte er, die Eisen 6, 5, 4 und 3 mit einer jeweils guten Flugkurve die gleiche Distanz überwinden zu lassen. Es handelt sich dabei um eine Übung für bessere Spieler, denn sie ist weitaus schwieriger, als dies auf dem ersten Blick erscheint.

Vergessen Sie nicht: Eisen sind keine Schläger, mit denen große Weiten erzielt werden müssen. Vielmehr geht es um Präzision. Ein harter Schwung erhöht nicht nur die Möglichkeit, den Ball schlecht zu treffen. Zudem verlieren Sie dabei auch Ihre Fähigkeit, dem Ball beständig eine gleichbleibende Flugweite mit auf den Weg zu geben. Zu Übungszwecken sollten Sie beim nächstenmal bei jedem Grünanspiel „einen mehr" nehmen. (Sie spielen das Eisen 7, wenn Sie eigentlich das Eisen 8 schlagen würden).

Es wurde mich nicht überraschen, wenn Sie dabei den Ball besser und präziser treffen als gewöhnlich. Begnügen Sie sich nicht damit, den Ball gerade so aufs Grün zu schlagen – greifen Sie die Fahne an! – Sie sehen, daß jede Golfrunde variantenreiche Möglichkeiten bietet, Ihr Spiel sinnvoll zu trainieren und zu verbessern.

HERAUSFORDERUNG „KURZES SPIEL“: *Trainieren Sie wettkampfmäßig*

Ein Wettkampf stärkt Ihre Aufmerksamkeit und wertet dadurch Ihre Trainingsarbeit auf. Vor allem das kurze Spiel bietet Ihrer Phantasie zahllose Entfaltungsmöglichkeiten. Versäumen Sie es daher nicht, bei jeder sich bietenden Gelegenheit Herausforderungen zu suchen – möglichst gegen einen gleichstarken, wenn nicht gar stärkeren Spieler. Spielen Sie Chip-, Pitch- und Bunkersspiele gegeneinander aus. Schlagen Sie jeweils drei Bälle von der gleichen Stelle und schauen Sie, wer öfter mit zwei Schlägen das Loch findet. Verteilen Sie eine Handvoll Bälle wahllos ums Grün und versuchen Sie, jeden Ball mit zwei Schlägen zu lochen. Denken Sie sich kleine Putt-Turniere aus, um sich gegenseitig – insbesondere mit kritischen Ein-Meter-Putts – unter Druck zu setzen. Spielen Sie jeweils um einen kleinen Einsatz. Und vor allem: Haben Sie Spaß!

Diese Spielchen holen Sie aus Ihrer technisch orientierten Gedankenwelt. Sie konzentrieren sich auf das Ziel, was Ihre Immunität gegenüber Druck erhöht. Je häufiger Sie so trainieren, desto schneller werden Sie sich verbessern und niedrigere Scores erzielen.

Auch ich habe ein Spiel, dem ich auf dem Putting-Grün gerne gegen einen Kontrahenten (wie hier mit dem US-Tour-Spieler Tom Shearer) nachgehe. Dabei werden zwei, sieben bis zehn Meter voneinander entfernte, Löcher ausgewählt. Jeder Spieler stellt sich zu einem der beiden Löcher und versucht, ins andere zu putten. Sobald ein Spieler einen Putt gelocht hat, werden die Löcher getauscht. Gespielt wird, bis ein Spieler fünf bzw. zehn Putts gelocht hat. Es handelt sich dabei um eine Übung, die Ihre Puttstärke auf Wettkampfbedingungen vorbereitet.

TRAININGSPLAN: *Nützen Sie Ihre Zeit so effizient wie möglich*

Meiner Meinung nach schaffen es die meisten Spieler nicht, ihre Trainingszeit so effizient wie möglich zu gestalten. Es ist doch immer wieder die gleiche Geschichte: Die Driving-Range präsentiert sich übervölkert, das Übungsgrün einsam und verlassen. Für uns alle ist Zeit ein kostbarer Faktor. Ein Grund mehr, die verfügbaren Trainingsstunden am sinnvollsten zu nützen.

Wenn ich mit meinen Schülern über die Zeiteinteilung spreche, sensibilisiere ich sie stets für die drei Trainingsphasen, die für ein optimales Trainingsprogramm beachten werden müssen. Erstens, die „Aufbau- und Entwicklungsphase“, in der Anfänger die elementaren Aspekte des Golfschwungs erlernen und bessere Spieler Technik-Änderungen vornehmen. (So entschied sich Nick Faldo beispielsweise 1985, seinen Schwung von Grund auf neu aufzubauen.) Zweitens, die „Verbesserungsphase“, in der ein Spieler anhand von entsprechenden Übungen Schwungveränderungen festigt und verinnerlicht. Und drittens, die „Erhaltungsphase“, in der es für den Spieler vor allem darum geht, das nunmehr vorhandene Potential auf dem Platz für bestmögliche Ergebnisse zu nützen.

Im Idealfall befänden wir uns alle in der „Erhaltungsphase“. Doch um dieses Niveau zu erreichen, ist vorher einige Zeit in den beiden anderen Phasen zu verbringen. Auch müssen

Spieler ab und an in eine vorherige Phase zurückkehren (siehe Nick Faldo), um ihr Spiel zu verbessern und das persönliche Optimum zu erreichen.

Die ausschließlich auf Technik ausgerichtete Aufbauphase wird durch das Erlernen der Schwungbewegung geprägt. In der Entwicklungsphase hat ein Spieler an verschiedenen Übungen zu arbeiten, ohne sich um das Ergebnis der Schläge Gedanken zu machen. Er konzentriert sich auf die Technik, nicht auf das Ziel. Hierfür rate ich dem Spieler, jeweils sechs Bälle zu schlagen, wobei alle ausschließlich mit technik-orientierten Gedanken zu spielen sind.

Da nun an spezifischen Schwungpositionen gearbeitet wird, rate ich auch zur regelmäßigen Videoanalyse. In der Lernphase sollte sich der Spieler nicht um Score oder schlecht getroffene Bälle kümmern – die Wende zum Besseren wird nicht lange auf sich warten lassen.

Es gibt Spieler, die Gefahr laufen, niemals aus der ersten Phase zu treten. Ein detaillierter Trainingsplan hilft, die zweite Phase zu erreichen. Zunächst aber arbeiten wir am Schwungaufbau, dann an kleineren Veränderungen der Schlagtechnik. Das Training präsentiert sich als gesunde Mischung aus technik- und zielorientierten Übungen, wobei Verbesserung von Rhythmus und Bewegungsablauf im Vordergrund stehen. Der Spieler denkt mehr an den vollen Schwung, als an Teilbereiche. Um auf die Übung mit den sechs Bällen zurückzukommen, sollte der Spieler im 4 : 2-Verhältnis arbeiten. Will heißen, er schlägt vier Bälle, bei denen er sich auf die Technik konzentriert und zwei, bei denen seine Gedanken ausschließlich auf das Ziel fixiert sind.

In die dritte, also die „Erhaltungs"-Phase kommt der Spieler, wenn er mit seinem Spiel weitgehend zufrieden ist. Nun legt er den Trainings-Schwerpunkt auf bessere Scores. Das Verhältnis Technik zu Ziel beträgt nun 0:6 – alle Gedanken sind darauf gerichtet, den Ball das Ziel finden zu lassen. Um das erreichte Spielniveau zu konservieren, lege ich dem Spieler nahe, die Schläge ums Grüns ständig zu variieren und auf der Driving-Range mit allen 14 Schlägern zu trainieren.

Unabhängig davon, in welcher Entwicklungsphase Sie sich befinden – wichtig ist zu wissen, daß Trainings-Qualität wichtiger als -Quantität ist. Sie hören von Spielern, die hunderte von Bällen schlagen. Wahrscheinlich kann ein durchtrainierter Spieler mit niedrigem Handicap, der Spaß am Bälleschlagen hat, dieses Trainingspensum auch absolvieren. Ich wage aber zu bezweifeln, daß dies der richtige Weg ist. In meinen Augen ist es wichtiger, mit gewissen Zeitaufgaben zu trainieren, wobei innerhalb realistischer Zeitvorgaben das Trainingsziel erreicht werden sollte.

Ich habe schon oft Spieler gesehen, die so übertrieben hart trainierten, daß sich das Ergebnis zum Schlechten wendete. Hierzu fällt mir das Beispiel eines Geschäftsmannes ein, der einmal die Woche zum Training kam und ein respektables Handicap (8) spielte. Nach seiner Pensionierung sah man ihn fünfmal die Woche auf der Driving-Range und auf dem Golfplatz. Innerhalb von drei Monaten war sein Handicap auf 12 geklettert. Offensichtlich hatte er die falschen Dinge trainiert. Nehmen Sie sich also in acht: Ein kluger Spieler holt aus einer einstündigen Trainingseinheit mehr heraus, als andere Golfer in sieben auf der Driving-Range verbrachten Tagen.

Lassen Sie mich Ihnen zwei Trainingsbeispiele erläutern, die ich meinen Schülern mit auf den Weg gebe. Ihr Trainingsplan sollte im Verhältnis zu Ihrer verfügbaren Zeit stehen und sich mit den speziellen Problembereichen Ihres Spiels befassen. Im Idealfalle setzen Sie sich einen zeitlichen Trainingsrahmen von zwei Stunden – 60 Minuten für das lange, 60 Minuten für das kurze Spiel. Wenn Sie mehr Zeit aufbringen können, nützen Sie diese um einige Löcher zu spielen, so daß Sie auch auf dem Platz trainieren.

Gut ist, eine Art Trainings-Tagebuch zu führen. Halten Sie darin fest, woran Sie arbeiten, welcher Schwunggedanke Ihnen besonders hilft und welche Übung Sie den anvisierten Ver-

PROGRAMM A

– 2-Stunden-Lektion – mindestens einmal pro Woche durchzuführen –

DAS LANGE SPIEL

1. **Aufwärmen:** Entspannen sie Ihre Golfmuskeln mit Standard-Dehnübungen, die Übung mit zwei Schlägern oder das Schwingen durch hohes Gras *(5 Minuten)*.
2. **Technik:** Für die Arbeit am vollen Schwung empfehle ich das Eisen 5 oder 6. Legen Sie zur Überprüfung der Ausrichtung einen Schläger auf den Boden. Machen Sie vor jedem Schlag mindestens zwei Probeschwünge. Schlagen Sie höchstens 40 Bälle *(30 Minuten)*.
   Danach beschäftigen Sie sich mit Ihren Problemschlägern, wie Driver oder lange Eisen *(5 Minuten)*.
3. **Mentaler Bereich:** Schlagen Sie unter Berücksichtigung Ihrer Schlagvorbereitungs-Routine Bälle, als ob Sie auf dem Platz wären. Lassen Sie verschiedene Spielsituation zunächst vor Ihrem geistigen Auge ablaufen, ehe Sie den entsprechenden Schläger wählen und den Ball ins Spiel bringen. Schlagen Sie nach dem Zufallsprinzip mit verschiedenen Schlägern und testen Sie sich aus verschiedenen, mehr oder minder schwierigen Ball-Lagen *(15 Minuten)*.
4. **Ausklang:** Beenden Sie diese Trainingseinheit mit einigen Wedgeschlägen und pitchen Sie zu verschiedenen Zielen. Denken Sie an den Rhythmus und das Gefühl für den Schlägerkopf *(5 Minuten)*.

DAS KURZE SPIEL

1. **Aufwärmen:** Machen Sie einige Chips und Pitches, um Gefühl für den Schlag zu bekommen. Spielen Sie auf ein Ziel und wechseln Sie die Schläger, um die Flugkurven zu variieren *(10 Minuten)*.
2. **Technik:** Konzentrieren Sie sich auf einen bestimmten Bereich des kurzen Spiels (Chippen, Pitchen oder Bunkerschläge) und arbeiten Sie daran, Ihre Technik zu verbessern *(20 Minuten)*.
3. **Mentaler Bereich:** Simulieren Sie eine Spiel-Situation und führen Sie den entsprechenden Schlag aus, ob nun Chip, Pitch oder Bunkerschlag. Spielen Sie auf ein Ziel und notieren Sie die Ergebnisse *(15 Minuten)*.
4. **Putten:** Das Putt-Training darf niemals fehlen! Analysieren Sie Ihre letzten Ergebnisse, um festzulegen, welche Putts nach besonderer Aufmerksamkeit verlangen. Üben sie kurze Putts, bei denen Sie sich auf die Schlagtechnik konzentrieren, und lange Putts, bei denen die Schlagdosierung im Vordergrund stehen sollte *(15 Minuten)*.

DAVID LEADBETTER GOLF ACADEMY®

PROGRAMM B

Wenn Ihnen nur 60 Minuten zur Verfügung stehen, teilen Sie diese wie folgt auf:

1. **Aufwärmen:** Machen sie Standard-Dehnübungen, um Ihre Golfmuskeln zu entspannen. Machen Sie einige Wedgeschläge, um ein Gefühl für den Schwung zu bekommen *(5 Minuten)*.
2. **Technik des vollen Schwungs:** Beginnen Sie mit einem mittleren Eisen und achten Sie dabei besonders auf Rhythmus und Tempo. Gehen Sie zu längeren Schlägern über, wobei zwei von fünf Schlägen unter Berücksichtigung der Schlagvorbereitungs-Routine ausgeführt werden sollten. Konzentrieren Sie sich vorrangig auf das Ziel *(25 Minuten)*.
3. **Stellen Sie sich den Platz vor, und spielen Sie ihn:** Spielen Sie drei Löcher Ihres Heimatclubs in Gedanken. Konzentrieren Sie sich auf das Ziel und die Schlagvorbereitungs-Routine *(5 Minuten)*.
4. **Kurzes Spiel:** Unter Berücksichtigung Ihres Potentials entscheiden Sie sich für einen Bereich des kurzen Spiels und versuchen, anhand von Übungen und Trainingsspielen Ihre Technik zu verbessern *(15 Minuten)*.
5. **Putten:** Beenden Sie Ihr einstündiges Trainingsprogramm auf dem Putting-Grün. Arbeiten Sie an der Präzision der kurzen und Dosierung der langen Putts *(10 Minuten)*.

änderungen am nächsten bringt. Nach einiger Zeit werden Ihnen diese Notizen wichtige Hilfestellungen leisten.

Bei all dem handelt es sich nur um Vorschläge. Sie müssen sich schon selbst einige Minuten nehmen, um einen Trainingsplan zu entwickeln, der Ihren Anforderungen entspricht. Wenn Sie mit Ihrem langen Spiel zufrieden sind, so reichen zehn Minuten auf der Driving-Range völlig aus, ehe Sie sich dem Training des kurzen Spiels zuwenden. Trainieren Sie Ihre schwachen Punkte, nicht die starken – ein Hinweis, den ich nicht oft genug in Erinnerung rufen kann.

Denken Sie auch daran, daß Sie zuhause eine Menge erreichen können, ohne dort auch nur einen einzigen Ball zu schlagen. Machen Sie „Trockenschwünge“ mit geschlossenen Augen oder im Zeitlupentempo, trainieren Sie mit dem gewichtigen Schläger und überprüfen Sie Ihre Schlüssel-Schwungpositionen im Spiegel. All das ist insbesondere hilfreich, wenn Sie an einer technischen Veränderung arbeiten und das Gefühl für den Schwung konservieren möchten.

DER GOLF-NACHWUCHS: *Aus Freude am Spiel*

Ich berate viel Eltern, die Wert darauf legen, daß ihr Nachwuchs Golf spielt. Es ist ein Fehler, Kinder zum Golf zu zwingen. Ein Kind spielt Golf, um Spaß zu haben – alles andere zählt nicht. Wann mit dem Golf begonnen wird, spielt keine Rolle. Kürzen Sie ein Holz 4 oder 5 und lassen Sie Ihr Kind damit spielen. Mein zweijähriger Sohn besitzt einen kleinen Plastikschläger und hat große Freude daran, mit einem kleinen Plastikball ums Haus herum zu spielen. Es ist nie zu früh, um mit dem Golf zu beginnen!

In meinen Augen trainieren Jugendliche am effizientesten in kurzen Zeitabschnitten (max. 20 Min. zum Thema Schwungtheorie). Wenn ich Jugendliche unterrichte, begrenze ich technische Details aufs Minimum. Natürlich sind fundamentale Schwungaspekte wichtig und sollten seitens des Trainers (oder der Eltern) im Auge behalten werden. Aber komplizierte Theorien sind fehl am Platze. Es ist besser, Kinder zu ermuntern, gute Spieler zu beobachten und zu imitieren. Kinder sind gut im Nachahmen. Sie erkennen instinktiv Bewegungsabläufe und kopieren diese.

Der Schwung eines Kindes verändert sich, wenn es wächst und stärker wird. Aber der „Touch" und das Ballgefühl bleiben ihm ein Leben lang erhalten. Darum ist es wichtig, das Kind frühzeitig zum kurzen Spiel zu führen. Denken Sie sich kleine Wettkämpfe aus. Lassen Sie es mit und gegen Freunde spielen. Ein Korb Bälle, ein Pitching-Grün und einen Bunker – mehr brauchen Sie nicht, um das Kind auf den Weg zu einem talentierten Spieler, der Freude am Golfspiel hat, zu bringen. Lassen Sie das Kind bei kurzen Schlägen Erfahrungen in Bezug auf Ballkontrolle sammeln, die für einen beständigen Schlag benötigte Augen-/Hand-Koordination entwickelt sich dann von ganz alleine. Es macht Spaß, Zeit mit den Kindern auf dem Golfplatz zu verbringen. Lassen Sie aber das Kind entscheiden, wie oft und lange es dort verweilen möchte.

∇ *(unten) Die Familie Leadbetter (v.l.n.r.) James, Hally und Andy.* ▷ *Im Alter von elf bis zwölf Jahren sollte ein Jugendlicher etwas technischspezifischer trainieren – aber nur, wenn er ernsthaft am Golfspiel interessiert ist.*

TRAININGSHILFEN: *Für schnelleres Lernen*

Zur Förderung des Schwunggefühls habe ich in den vergangenen zehn Jahre mehrere Trainingshilfen entwickelt, die von einfachen Lehrinstrumenten (Spiegel, den Sie während des Trainings vor sich stellen) bis hin zum Schwungtrainer „Coach" (der Ihnen hilft, die golfspezifischen Muskeln aufzubauen) reichen. Diese – und andere – Trainingshilfen benütze ich, um meinen Schülern ein Schwung- und Schlaggefühl zu vermitteln. Es ist wirkungsvoller, mechanische Abläufe zu fühlen und zu wiederholen, als „nur" über sie nachzudenken. Viele der Tourspieler, die ich betreue, benützen diese Trainingshilfen für Ihre Übungen. Alles, was Sie Ihrem Ziel ein Stückchen näher bringen kann, ist es wert, ausprobiert zu werden. Das Training ist wirklich ein Spiel innerhalb des Spiels: Es erfüllt Sie mit Befriedigung, es belohnt Sie, es stellt Sie vor Herausforderungen – und manchmal frustriert es Sie auch. So oder so – ohne Training werden Sie Ihr Potential niemals voll ausschöpfen!

◁ Der „Coach" ist eine der vielen Trainingshilfen, mit denen ich Schülern ein Gefühl für den guten Schwung vermittle.

FIT FÜR GOLF? *Übungen für Kraft und Beweglichkeit*

Ich habe wiederholt festgestellt, daß viele Spieler Probleme mit gewissen Schwungpositionen haben (hier besonders mit dem Rückschwung), weil Sie nicht über die für eine volle Körperdrehung notwendige Beweglichkeit verfügen.

Ohne ein gewisses Maß an Fitness wird es schwierig, einen guten Schwung aufzubauen und ein beständiges Spiel zu halten. Ich rate Ihnen nun aber nicht, wöchentlich 15 Kilometer zu Rennen und 150 Kilogramm schwere Hanteln zu stemmen. Doch es gibt einige einfache Übungen, die Ihre allgemeine Kraft und Beweglichkeit fördern. Was Ihrem Schwung und Ihrer Kondition zugute kommen wird!

Die natürlichste Übung überhaupt ist das Gehen. Regelmäßige, 3 bis 4 Kilometer lange Spaziergänge wirken sich sehr vorteilhaft auf Ihre Fitneß aus. Alles, was Ihren Puls ansteigen läßt, verbessert Ihren Kreislauf. Jogging ist nicht für jeden geeignet, ein strammer Marsch indes kräftig Beine und hält Sie in Form – mental und körperlich. Sie werden sich danach nicht nur besser fühlen – auch Ihre Konzentrationsfähigkeit wird sich spürbar steigern.

Ich arbeite regelmäßig an meiner Fitneß, weil ich überzeugt bin, daß sich dies nicht nur positiv auf mein Golfspiel auswirkt, sondern auch meine Lebensqualität steigert. Wenn Sie noch kein Fitneßprogramm haben, sollten Sie bald eines erstellen. Es sollte ein natürlicher Bestandteil Ihres Trainingsplan werden, schon allein, weil es Ihre Disziplin fördert. Mit Unterstützung von zwei Experten – Chris Verna, einem Dehn- und Bewegungs-Fachmann, sowie Pat Etcheberry, einem Kraft- und Trainingsberater der LGE Sports Science Gruppe – habe ich einige Übungen zusammengestellt, die Ihnen helfen sollen, Körper in Form zu halten. Es handelt sich dabei um Übungen, für die keine teure Ausrüstung benötigt wird und die problemlos zuhause ausgeführt werden können.

VERBESSERN SIE IHRE BEWEGLICHKEIT!

Eine bessere Beweglichkeit hängt nicht davon ab, wieviel Zeit Sie nachfolgenden Übungen widmen. Entscheidend ist, daß Sie sich regelmäßig damit befassen, daher rate ich, zweimal täglich zu zehn- bis 15minütigen Einheiten. Beispielsweise morgens nach der Dusche (Sie müssen mental wach sein, führen Sie diese Übungen also nicht „kalt“ durch!), zum Aufwärmen vor dem Spiel, nach dem Spiel oder abends vor dem Zu-Bett-gehen.

Wenn Ihnen eine Schwungveränderung oder eine volle Drehung Probleme bereiten, könnte die Ursache in mangelnder Beweglichkeit liegen. Nachfolgende Übungen verhelfen Ihnen zu geschmeidigeren Bändern und Muskeln. Mit einer entsprechenden Aufwärm-Routine erreichen Sie eine höhere Flexibilität.

Chris Verna

Gehen Sie in die Hocke!
In der Hocke werden Ihre Oberschenkel durchblutet und Ihre athletische Haltung gefördert. Halten Sie einen Schläger über den Schultern und gehen Sie aus dem Stand in die Sitzhaltung. Beugen Sie gleichzeitig Ihre Knie und spüren Sie die Spannung in Ihren Schenkeln, während sich Ihr Körper auf und ab bewegt.

Drehen Sie sich!
Nehmen Sie die Ansprechposition ein und halten Sie einen Schläger (oder Besen) hinter Ihren Schultern. Arbeiten Sie nun an der Drehbewegung. Versuchen Sie sich zu beiden Seiten an einer Schulterdrehung von mindestens 90 Grad. Sollte es Ihnen möglich sein, weiter zu drehen – umso besser! Bleiben Sie 15 Sekunden in der voll aufgedrehten Rückschwungposition und entspannen Sie sich, bis Sie das Gleiche in der Durchschwung-Stellung wiederholen. Versuchen Sie dabei, aus dem Bauch heraus tief einzuatmen, so entspannt sich Ihr ganzer Körper.

Strecken Sie den Oberschenkel!
Die Oberschenkelmuskulatur ist wichtig – nicht nur für eine gute Ansprechhaltung, sondern auch für das Stützen des Oberkörpers während der Drehung. Heben Sie Ihren linken Fuß zum verlängerten Rückgrat, während Sie Ihr Knie etwas nach hinten schieben. Halten Sie diese Position 15 Sekunden lang ein. Wiederholen Sie die Übung zweimal, ehe Sie das Bein wechseln.

Strecken Sie die Schultern!
Dies ist eine Übung zur Dehnung der Schultermuskulatur, die sowohl zu Hause als auch auf dem Platz ausgeführt werden kann. Nehmen Sie zunächst die Ansprechposition ein. Beugen Sie sich dann nach vorne, bis Ihre Schultern Hüfthöhe erreichen. Halten Sie sich dabei an etwas Stabilen (Pfosten, Türrahmen, etc.) fest. Ihre Schultern bleiben rechtwinklig, während Sie gegen den Widerstand ziehen und drücken. So lösen Sie die Anspannung im Bereich der oberen Rückenmuskulatur, was Ihnen später eine größere Schwungbewegung ermöglicht.

Strecken Sie das Bein!
Stellen Sie Ihren Fuß auf etwas Stabiles (Golfwagen o.ä.). Strecken Sie das Bein durch und verharren Sie 15 Sekunden in dieser Position. Danach entspannen Sie, ehe Sie die Übung mit dem anderen Bein wiederholen.

Handballen nach vorne – Handballen nach hinten!
Greifen Sie den Schläger, die Hände etwa 25 Zentimeter auseinander, den linken Handballen nach hinten, den rechten nach vorne. Beziehen Sie nun die Ansprechposition und trainieren Sie dann – mit einem sanften Rhythmus nach vorn und hinten – die Rumpfbewegung. Halten Sie die Arme dabei gestreckt. So dehnen Sie – entlang der Wirbelsäule – die mittlere Rückenmuskulatur.

Für mehr Beweglichkeit im Rumpf …
Halten Sie einen Schläger mit beiden Händen (siehe Abbildung) und stellen Sie sich aufrecht hin. Beugen Sie sich nun zunächst nach rechts, dann nach links, wobei Sie auf jeder Seite einige Sekunden lang in der Endhaltung bleiben. Wiederholen Sie die Übung fünfmal pro Seite.